Der Autor dankt dem *Institut für deutsche Kultur und Geschichte Südosteuropas*

Lektorat: Hans Thill

© 2009 Verlag Das Wunderhorn
Rohrbacher Straße 18
69115 Heidelberg

Alle Rechte vorbehalten
Erste Auflage
Satz: Cyan, Heidelberg
Druck: Fuldaer Verlagsanstalt, Fulda
Titelabbildung nach einem Foto von Ingo Wilhelm
ISBN: 978-3-88423-331-3

Johann Lippet

Das Leben einer Akte

Chronologie einer Bespitzelung
durch die Securitate

Wunderhorn

Es ist eisig kalt in Bukarest, am Vortag hatte es geschneit. Ich fuhr nicht oft in die Hauptstadt, damals, als ich noch in Rumänien lebte, doch jedesmal traf es sich, daß es Winter war. Und wenn ich nach Temeswar, wo ich wohnte, zurückkehrte, war ich erkältet oder fühlte mich krank.
Es ist kurz vor 9 Uhr, als ich mich dem Gebäude nähere, ein Wohnblock könnte man meinen. Vor dem Eingang stehen Leute und rauchen, ich geselle mich zu ihnen und stecke mir auch eine Zigarette an. Niemand fragt mich, was ich hier suche.
Wir müssen, sagt eine junge hübsche Dame auf rumänisch und drückt ihre Zigarette im Aschenbecher aus, der an der Wand neben dem Eingang angebracht ist. Allmählich lichtet sich die Runde, dann stehe nur noch ich da, auch ich drücke meine Zigarette aus und gebe mir einen Ruck.
Im Flur des Stiegenhauses eine Pförtnerloge. Ein Wachmann, es könnte auch ein Polizist sein, telefoniert und macht mir mit der Hand ein Zeichen: Warten!
Habe verstanden, wird gemacht, sagt er in den Hörer, legt auf und richtet einen fragenden Blick an mich. Ich reiche ihm meine Vorladung, er überfliegt sie, greift zum Telefon. Er sagt, daß hier jemand einen Termin zwecks Einsicht in seine Akte habe, nennt meinen Namen, nickt und legt auf.
Ich muß meinen Personalausweis vorlegen, er ist überhaupt nicht erstaunt, daß es ein deutscher ist, macht seine Eintragungen in ein Register, gibt mir den Ausweis zurück, zusammen mit einem Stückchen Karton, blau, darauf ist das Stockwerk vermerkt und fettgedruckt eine Zimmernummer. Bei Verlassen des Gebäudes abzugeben!

Ich gehe in Richtung Aufzug, doch er beordert mich zurück: Es komme jemand, um mich abzuholen, fremde Personen dürften sich nur unter Aufsicht im Haus bewegen.

Eine junge Dame holt mich ab, für sie bin ich ein Routinefall. Männer bugsieren einen Karton mit Aktenordnern in den kleinen Aufzug, eng gedrängt geht es nach oben. Hier übergibt sie mich in einem weiträumigen Büro, Tische, Stühle, Schränke, an einen jungen Herrn, der hinter einem Schreitisch sitzt.

Vorladung, Personalausweis! Er macht seine Eintragungen in ein Register, ich muß unterschreiben. Er reicht meine Vorladung an einen Kollegen weiter und bittet ihn, meine Akte zu holen. Er fragt mich, ob ich eine Kopie meiner Akte wolle. Selbstverständlich. Er meint, daß ich mich nach der Einsicht entscheiden könnte, welche Seiten. Natürlich alles, sage ich. Er reicht mir ein Formular und macht mich darauf aufmerksam, daß die Kopien persönlich abzuholen sind. Dann müßte ich ja noch einmal nach Bukarest kommen, sage ich genervt. Im Prinzip ja, meint er schulterzuckend und fragt dann lächelnd, ob ich denn niemanden in Bukarest kenne, dem ich vertraue, denn in diesem Fall könnte ich dieser Person eine notariell beglaubigte Vollmacht hinterlassen, damit sie die Kopien für mich abholen kann. In Ordnung, sage ich und will wissen, ob die Person mir die Kopien per Post zuschicken darf. Ja, wenn ich der Post vertraue, meint er scherzend. Ich wolle bestimmt doch auch eine Enttarnung der Informanten beantragen, sagt er, reicht mir ein Formular und weist mich darauf hin, daß dies dauern wird. Wie lange? Könne man nicht sagen, Monate, ein Jahr oder auch länger, jedenfalls erhalte der Antragsteller eine Benachrichtigung, mit den Klarnamen der Informanten, per Einschreiben. Sein Kollege hat meine Akte gebracht, zwei Dossiers, sagt etwas, ich bin plötzlich weit weg. Wie lange weiß ich nicht, als ich auf dem Stuhl an einem Tisch Platz nehme. Der Mann fordert mich auf, Eintragungen in Formulare zu machen, die in die jeweiligen Dossiers aufgenommen werden sollen: Wer wann Einsicht in die Akte hatte, ist anzuführen, Unterschrift. Ich frage, ob auch fremden Personen Einsicht in eine persönliche Akte gewährt werden dürfe. Im Todesfall Familienangehörigen oder Wissenschaftlern, die zu dem Thema forschen, klärt er mich auf.

Ich hätte noch gerne mit ihm geredet, über Gott und die Welt, um mich abzulenken. Er deutet auf den Tisch nebenan, mit Büchern und Papieren überhäuft, und sagt, er gehe seiner Arbeit nach, wenn ich Fragen zu meiner Akte hätte, könnte ich mich an ihn wenden, er sei Forscher, für die Behörde tätig.

Die Ordner aus dünnem, gelblichem Karton, darauf mein Name, Stempel, Ziffern, sehen verwittert aus. Also dann, mache ich mir Mut, schlage einen auf und halte ein Stück vom zerbröselten Deckel zwischen den Fingern, lasse es angewidert fallen. Das Dossier liegt, wie von fremder Hand aufgeschlagen, vor mir. *Ein Bürger ruft an*, lese ich auf rumänisch. Darunter der mir bekannte Name eines Securitate-Offiziers. Alles ist wieder gegenwärtig, ich spüre mein Herz klopfen.

Ich stehe auf, habe nur noch die Tür vor Augen. Der Mann am Schreibtisch fragt: Wohin? Eine rauchen, sage ich, er begleitet mich zum Aufzug. Ins Erdgeschoß, dann wieder hier her, sonst nirgends aussteigen, begreife ich von dem, was er mir sagt.

Als ich zurückkomme, sind Möbelpacker dabei, das Büro zu räumen, nur der Herr am Schreibtisch ist noch da. Wir ziehen um, sagt er. Ich setze mich an meinen Platz, schlage das andere Dossier auf und beginne zu lesen, als Hintergrundgeräusch die Möbelpacker.

Kurz vor 15 Uhr mache ich Schluß und stelle fest, daß nur noch mein Tisch im Büro steht. Ringsherum Dreck: Fussel, Spinnengewebe, an den Wänden, wo die Schränke standen, Schmutzflecken. Ich verabschiede mich auf morgen von dem Herrn am Schreibtisch. Der schaut mich verwundert an und fragt, ob ich denn nichts mitbekommen hätte: man ziehe um, die Behörde bleibe für die nächsten Tage geschlossen. Ich protestiere, rede mich in Wut. Er könne mich ja verstehen, versucht er mich zu beruhigen. Nichts, rein gar nichts verstehe er, schreie ich ihn an. Sein Kollege, der das Büro betritt, beruhigt die Lage: Es gebe eine Liste mit Personen, die in den nächsten Tagen Termine hätten, im Erdgeschoß werde ein Büro eingerichtet. Davon habe er nichts gewußt, beteuert der Herr am Schreibtisch. Ich bestehe, auf die Liste gesetzt zu werden und mache klar: Auch für übermorgen.

Draußen ist es immer noch eiskalt, doch im Hotel würde ich es nicht aushalten. Ich entschließe mich, einen Bekannten aufzusuchen wegen der Vollmacht, aber vor allem brauche ich jemanden, mit dem ich reden kann.

Nach drei Monaten erhielt ich die Kopien meiner Akte, über eine Vertrauensperson meines Bekannten, und machte mich an die Arbeit. Damals, als ich aus Bukarest zurückkehrte, fühlte ich mich noch tagelang krank, die Vorstellung, dieses Gefühl nun über Monate zu haben, machte mir Angst.

1. Zielobjekt

19. - 20. 03. 1986, 5.24 Uhr
Ein Bürger ruft an.
- Oberleutnant Beletescu
- Ja?
- Was machen Sie?
- Ich schlafe. Was soll ich sonst tun!
- Wie bitte?
- Ich schlafe.
- Schlafen?
- Ja.
- Wieso schläfst du?
- Weil es Nacht ist.
- Weil...?
- Weil es Nacht ist.
- Ist es Nacht?
- Ja
- Gut.
- Warum rufen Sie an?
- Wer?
  Legt auf.

Diese Szene, dieser Dialog, aus dem Rumänischen von mir übersetzt, würde jedem absurden Theaterstück Ehre machen. Doch es geht hier nicht um Literatur. Das nächtliche Gespräch fand tatsächlich statt und ist in den Abhörprotokollen zu meiner Telefonüberwachung dokumentiert, in meiner Akte.

Damals glaubte ich, den Anrufer an seiner stereotypen Frage erkannt zu haben, die er mir immer stellte, wenn er in der Dramaturgie des Deutschen Staatstheaters, wo ich tätig war, auftauchte: Was machst du?/Wie geht es dir? Und manchmal fügte er noch hinzu: Und deinen Freunden? Doch schon damals fragte ich mich: Hatte er sich durch die Nennung von Rang und Namen nicht enttarnt?

Als ich am 17.12.2007 bei Consiliul Național pentru Studiul Archivelor Securității, CNSAS, Nationalrat zum Studium der Securitate-Archive, an einem Tisch saß, sagte ich mir immer wieder: Du mußt klaren Kopf bewahren. Meine Akte lag vor mir, zwei Dossiers. Zwanzig Jahre waren vergangen, genauer 19 Jahre, 5 Monate und 5 Tage, seit ich Rumänien verlassen hatte.

Im folgenden soll der Inhalt der Dokumente beschrieben werden, die mir als Kopien seit Mitte März 2008 vorliegen. Hinzu kommen einige Dokumente, die mir im Laufe der darauffolgenden Monate Richard Wagner und Horst Samson freundlicherweise zur Verfügung stellten, da sie in ihren Dossiers abgelegt waren oder sich im Zusammenhang mit ihnen auch auf mich beziehen.

Ein Dossier, Abhörprotokolle, umfaßt 163 Seiten, Handschrift, es sind Übersetzungen oder Zusammenfassungen der Gespräche in rumänisch, da die meisten auf deutsch geführt wurden.

Die handschriftlichen Randnotizen enthalten Fragen zu dem Abgehörten, wenn sich für die Securitate der Zusammenhang nicht erschließt, Hinweise, Unterstreichungen, beziehungsweise Anordnungen zu Maßnahmen, die ergriffen werden sollen.

Das Telefon in meiner Temeswarer Wohnung wurde seit dem 27.10.1984 abgehört, das letzte Gespräch ist auf den 7.03.1987 datiert. Daß mein Telefon in den nächsten zwei Monaten bis zu meiner Ausreise nicht abgehört worden sein soll, ist schwer vorstellbar, wird doch eben für diese Zeitspanne besondere Wachsamkeit angeordnet.

Durch einen „Bericht", ein auf der Schreibmaschine getipptes Formular, die Leerzeilen in Handschrift ausgefüllt, wird das Abhören des Telefons in die Wege geleitet. Es ist vom Chef des betreffenden Dienstes unterschrieben, von dessen Chef genehmigt, als streng geheim eingestuft und als einziges Exemplar ausgewiesen. Die

Dauer des Abhörens wird jeweils für dreißig Tage oder zwei Monate angeordnet, danach immer wieder verlängert, der Name des Securitate-Offiziers, dem die Informationen zuzuleiten sind, wird genannt. Als Grund für das Anzapfen meines Telefons steht, handschriftlich in das getippte Formular eingetragen, fast immer der gleiche Wortlaut: Es interessieren die Inhalte der Gespräche, ob Inland oder Ausland, die Kontakte im Inland und Ausland, ob die Gespräche feindselige Äußerungen enthalten und andere Daten von operativem Interesse.

Auf den Inhalt der Telefongespräche einzugehen, würde den Rahmen sprengen. Eigentlich schade, denn die Gespräche mit Familienangehörigen und Bekannten dokumentieren die Sorgen des Alltags jener Jahre, die mit den Schriftstellerfreunden, was uns damals in Temeswar so umtrieb.

Wir werden unsere Aufmerksamkeit dem zweiten Dossier, Dosar de urmărire informativă[1], widmen, das zweieinhalb Jahre vorher angelegt wurde, am 3.05.1982. Zitate daraus wurden von mir übersetzt und sind kursiv gekennzeichnet. Die Mitteilungs- beziehungsweise Analyseberichte, die Mitteilungen der Informanten/Quellen sind großteils in Handschrift verfaßt, darin kommen ungelenke Formulierungen vor oder Halbsätze, oft erschließt sich ein logischer Zusammenhang nicht. Deshalb wurden die Übersetzungen leicht redigiert, doch das Wesen der bürokratischen Sprache insgesamt einer solchen Akte sollte dadurch nicht tangiert werden.

In Anlehnung an die vom Ministerium für Staatssicherheit der DDR gebräuchliche Bezeichnung Operativer Vorgang (OV) für die Überwachung und Bespitzelung einer Person nennen wir im folgenden die Akte Informativer Vorgang.

Das Anzapfen meines Telefons war eine zusätzliche Maßnahme, um neue „Erkenntnisse" zu gewinnen. Auf die in diesem Dossier vorhandenen Aufzeichnungen werden wir nur zurückgreifen,

---

1 Dosar de urmărire informativă, DUI (Dossier zur informativen Überwachung), wird im Glossar zu *„Die Partituren" der Securitate*, Nemira Verlag, Bukarest 2007 definiert als eine Sammlung von Dokumenten, die Daten und informatives Material zu einer Person oder einer Gruppe von Personen enthält, angelegt als Folge von Überprüfungen und informativer Überwachungen.

wenn es um Informationen geht, die im zweiten Dossier Erwähnung finden, da sich ansonsten der Zusammenhang nicht erschließt.

Das Dossier zum Informativen Vorgang, das mir im März 2008 von CNSAS als Kopie ausgehändigt wurde, umfaßte ursprünglich 360 Seiten, hinzu kommen, wie bereits erwähnt, jene Dokumente, die mir von Richard Wagner und Horst Samson zur Verfügung gestellt wurden. Erst anhand dieser Unterlagen gelang es mir, Lücken in der Chronologie der Ereignisse zu schließen, wenn auch längst nicht alle, und ich konnte in Erfahrung bringen, was die Securitate an Informationen schon in den siebziger Jahren über mich gesammelt hatte.

Doch bevor wir uns dem Informativen Vorgang „Luca" widmen, muß ich noch eines festhalten: Jener Oberleutnant Beletescu war für das deutsche und ungarische Theater zuständig, er gab sich jovial, bewegte sich im Haus, als gehörte er zum Personal, trug Anzug und Krawatte, machte aus seiner Funktion keinen Hehl, er gehörte zu der jungen Generation von Securitate-Offizieren mit Hochschulstudium, die selbstbewußt auftrat. Oberleutnant Beletescu führte, wie sich nun herausstellte, meine Akte. Jedenfalls ist das Abhörprotokoll mit keiner Anmerkung versehen. Nach jenem nächtlichen Anruf vom 20.03.1986 bekam ich ihn im Theater nicht mehr zu Gesicht, seinen Nachfolger, Leutnant Fulga, der meine Akte weiterführen sollte, lernte ich nicht kennen.

Der Bericht über die Eröffnung des Informativen Vorgangs „Luca" liegt mir in Handschrift vor. Er trägt den Briefkopf: *Ministerium des Inneren, Kreisinspektorat Temesch, Dienst I/A[2], Datum, 23.04.1982, Streng geheim, Einziges Exemplar.*

Die Eröffnung wird am 29.04.1982 von einem Oberst, Name unleserlich, genehmigt, am Ende des Berichts steht eine frühere Ge-

---

[2] Im Rahmen des Innenministeriums gab es das Departement für Staatssicherheit (DSS- Departamentul Securității Statului) mit vielen Untergliederungen, Diensten, Direktionen, Spezialeinheiten. Direktion I war für das Inland zuständig, Spezialeinheit „S" für die Kontrolle des Briefverkehrs, Spezialeinheit „T" für Telefonüberwachung und Videoaufzeichnungen, diese Spezialeinheiten gab es auch auf Kreisebene. Hier hießen die Abteilungen des DSS im Rahmen des Innenministeriums Kreisinspektorate, sie waren in Dienste gegliedert, Dienst I/A war für Kunst/Kultur zuständig.

nehmigung, 27.04. 1982, von einem Oberstleutnant, Name unleserlich, unterschrieben. Der Bericht ist auf der ersten Seite mit einem Stempel versehen: *Militäreinheit, Kreisinspektorat Temesch des Innenministeriums, Eintragung in die Evidenz, Dossier, Datum, Unterschrift.* Darin die handschriftlichen Eintragungen: *1909/5248, 03.05.1982, ein Kürzel.*

Nachdem die persönlichen Daten und die Anschrift festgehalten sind, heißt es eingangs: *Genannter gehört zu einem Kreis junger deutscher Schriftsteller[3] und ist Mitglied des Literaturkreises „Adam Müller-Guttenbrunn"[4], wo er sowohl aus seinen Prosaarbeiten als auch Lyrik liest. Gemeinsam mit Totok William, Wagner Richard und Herta Müller veröffentlicht Lippet Johann in Zeitungen und Zeitschriften Gedichte und anderes, nimmt an kulturellen Veranstaltungen teil, wo er aus seinen Arbeiten liest. In den letzten Jahren stellte man jedoch fest, daß er soziale Themen aufgreift, vorwiegend zu Problemen der Bevölkerung deutscher Nationalität, Themen, die er in eine nebulöse Form kleidet, undefiniert und zweideutig, die aber durch ihren Ideengehalt als feindselig an die Adresse unseres Staates interpretiert werden können.*

Daraufhin werden Beispiele angeführt, die weit zurückreichen. Man nimmt Bezug auf mein Gedicht „gewesener selbstmordgang der familie", dessen Veröffentlichung in Nummer 12/1973 der Zeitschrift „Echinox"[5] aus Klausenburg abgelehnt wurde, und es wird darauf hingewiesen, daß das Gedicht aber später in der Zeitschrift „Neue Literatur"[6] erschien.

Zum Gedicht: *Es macht tendenziöse Anspielungen zur Situation der deutschen Bevölkerung des Landes, kritisiert die Maßnahmen zur Liquidierung der Großbauern und im allgemeinen der Ausbeutung auf dem Lande, ruft in der Schlußzeile zur Emigration auf.*

Der Bericht über die Einleitung des Informativen Vorgangs nimmt im weiteren Bezug auf die Aufstellung der „Aktionsgruppe Banat"[7]

---

3   Obwohl nicht namentlich genannt, geht es um: Richard Wagner, William Totok, Herta Müller, Horst Samson und Helmuth Frauendorfer.
4   Benannt nach dem im Banat geborenen Schriftsteller Adam Müller-Guttenbrunn (1852-1923).
5   Studentenzeitschrift, die dreisprachig erschien: rumänisch, ungarisch, deutsch
6   Zeitschrift des Schriftstellerverbandes der SR Rumänien, ff. auch NL.
7   Unter diesem Signet erschien eine Aufstellung von neun Autoren (Albert

in Heft 4/1974 der NL, wo „selbstmordgang" erschien, ohne auf die Gruppe einzugehen, erwähnt mein ebenfalls in dieser Aufstellung veröffentlichtes Gedicht „ Don Quijote, Sancho Panza und ich", von dem es heißt, daß mein Kampf gegen die Realität des Landes allegorisch mit dem von Don Quijote verglichen wird.
In Nummer 11/1974 der NL war u.a. mein Text „ mutmaßliche überlegungen eines banater schwaben nach der ansiedlung, gründung der wirtschaft und der familie" abgedruckt, auf diesen geht der Bericht ein, der Titel ist in deutsch angeführt. Zum Text heißt es: *Er schildert die Gründung der Wirtschaft durch einen schwäbischen Kolonisten, dieser zählt an den Fingern ab, welche Güter er sich erwirtschaftet hat. Das Gedicht will verdeutlichen, daß der Schwabe, als er kolonisiert wurde, arm war, aber ein Vaterland hatte, jetzt aber, nachdem er sich alles erwirtschaftet hat, kein Vaterland mehr hat.*
Außerdem kommentiert der Bericht die Gedichte „Vom seltsamen Mann und vom seltsamen Haus" und „Wintergefühl 1981", die am 10.02.1982 in „Neue Banater Zeitung"[8] erschienen und stuft sie vom politischen Standpunkt aus interpretierbar ein.
In Anbetracht all dessen wird vorgeschlagen, die Eröffnung des Informativen Vorgangs einzuleiten, um die gesamte Tätigkeit des Genannten zu kennen und zu dokumentieren, heißt es abschließend.
Auf den Bericht zur Eröffnung des Informativen Vorgangs folgt ein Maßnahmenplan, in dem eingangs noch einmal auf das Ziel

---

Bohn, Rolf Bossert, Werner Kremm, Johann Lippet, Gerhard Ortinau, Anton Sterbling, William Totok Balthasar Waitz, Richard Wagner). In zwei vorausgegangenen Aufstellungen, Heft 11/1972 und 7/1973, in denen die genannten Autoren unterschiedlich vertreten sind, darunter auch Ernest Wichner, durfte das Signet nicht erscheinen. Die „Aktionsgruppe Banat", ein Kreis von Autoren, die sich freundschaftlich verbunden fühlten und eine gemeinsame Vorstellung von einer engagierten Literatur hatten, bestand drei Jahre (1972-1975). Ihre Geschichte erschließt sich teilweise aus den Unterlagen der Securitate, auf die wir im Laufe unserer Chronologie zurückkommen werden, zudem sei auf zwei Veröffentlichungen hingewiesen: William Totok, *Die Zwänge der Erinnerung*, Junius Verlag, Hamburg 1988, Ernest Wichner (Hrsg.), *Ein Pronomen ist verhaftet worden- Texte der Aktionsgruppe Banat*, Suhrkamp Verlag, Frankfurt am Main 1992.

8   Tageszeitung, Organ des Kreisparteikomitees der RKP und des Kreisvolksrates Temesch, im ff. auch NBZ. Chefredakteur der Zeitung war Nikolaus Berwanger (1935-1989), Politiker, Publizist, Schriftsteller. Er war auch Vorsitzender des Literaturkreises „Adam Müller-Guttenbrunn", kehrte von einer Reise in die Bundesrepublik 1984 nicht mehr zurück.

hingewiesen wird: *Um seine gesamte Tätigkeit zu dokumentieren und die Veröffentlichung feindseliger Schriften zu unterbinden.* Der Maßnahmenplan beinhaltet 6 Punkte, für deren Durchführung Leutnant Beletescu als verantwortlich genannt ist, es werden Termine festgelegt, zu drei der Maßnahmen heißt es: *permanent.*
Punkt 1: Der Informant „Dieter" wird eingesetzt und instruiert, herauszufinden, *welches die Haltung des Zielobjekts ist, wie es sich verhält, welches seine derzeitigen und zukünftigen Beschäftigungen sind, was es zu schreiben gedenkt, Thema und Inhalte, mit welchen jungen Schriftstellern das Zielobjekt zusammenarbeitet, wo es veröffentlicht, ob die Veröffentlichungen im Land oder im Ausland erscheinen sollen.*
Zu Punkt 2: Eingesetzt und instruiert wird zudem der Informant „Max", um zu erfahren, *wie das Zielobjekt seinen dienstlichen Verpflichtungen nachkommt, was es diskutiert, mit wem und worüber, ob es von ausländischen Bürgern besucht wird, welche Kontakte es im Theater oder außerhalb des Theaters hat.*
Bei diesem Punkt des Maßnahmenplans fügt Oberstleutnant Pădurariu, es ist der direkte Vorgesetzte von Leutnant Beletescu, hinzu: *Beobachten, ob das Zielobjekt Stücke unangemessenen Inhalts ins Repertoire des Theaters aufzunehmen gedenkt.*
Zu Punkt 3: *Am Arbeitsplatz soll die Möglichkeit der Installierung technisch-operativer* (T. O.)[9] *im Original) Mittel studiert werden, um herauszufinden, welche Diskussionen das Zielobjekt am Arbeitsplatz führt, mit wem und worüber.* Der Vorgesetzte fügt hier hinzu: *Auch in der Wohnung.*
Zu Punkt 4: *In Anbetracht der Tatsache, daß auch andere Elemente aus dem Deutschen Theater unter unserer Beobachtung stehen, soll die Möglichkeit ins Auge gefaßt werden, einen Informanten zu gewinnen, der instruiert und auf Lippet Johann angesetzt werden kann.*
Hier fügt der Vorgesetzte hinzu: *Maßnahmen, um seine Tätigkeit im Rahmen des Literaturkreises kennenzulernen.*

---

9   Zwei Methoden der technisch-operativen Überwachung finden Erwähnung, in den Unterlagen als Abkürzungen angeführt: I.C.T. und I.D.M. I.C.T. (Interceptarea convorbirlor telefonice) bezeichnet das Abhören von Telefongesprächen, I.D. M. (Interceptarea discuțiilor prin microfon) das Abhören von Gesprächen durch Mikrofone, Wanzen..

Zu Punkt 5: *Es sind sämtliche Verbindungen im In- und Ausland festzustellen, welcher Natur die sind, durch Quellen, die sich dazu eignen.*
Zu Punkt 6: *Während des gesamten Verlaufs des Informativen Vorgangs soll danach getrachtet werden, in den Besitz schriftlicher Dokumente zu gelangen sowie anderer Beweise hinsichtlich Tätigkeit und Verhalten des Zielobjekts, um zum passenden Zeitpunkt Maßnahmen einzuleiten, die es davon abbringen sollen, weiterhin feindselige Schriften zu verfassen.*
Der Maßnahmenplan schließt mit der Bemerkung, daß mit der Gewinnung neuer Erkenntnisse dieser Maßnahmenplan ergänzt werden wird.
Am Anfang steht ein Hinweis, von einem Oberstleutnant, Name unleserlich: *Gen. Oberstleutnant Pădurariu analysieren Sie die Möglichkeit der Einsetzung des Informanten „Voicu", der in Ihrer Aufmerksamkeit bleiben sollte, weil es eine der wichtigsten Arbeiten im Rahmen des Problems ist.* Von dieser Empfehlung, auf einen bewährten Informanten zurückzugreifen, wird man Gebrauch machen, „Voicu" über mich berichten.
Ihr Vorhaben, meine schriftstellerische Tätigkeit zu dokumentieren, wird die Securitate konsequent verfolgen und sich von Informanten fast alles übersetzen lassen, was ich in Rumänien veröffentlichte. Diese Übersetzungen sind dokumentiert, spärlich hingegen, die aus den Jahren davor. Die Gedichte, auf welche die Eröffnung des Informativen Vorgangs Bezug nimmt, seien im folgenden im Original zitiert, sie dokumentieren anhand der Mitteilungen der Informanten[10] den Beginn meiner Bespitzelung

---

10 Auf die jeweilige Form der Mitteilung wird im folgenden hingewiesen werden, vorerst einige Anmerkungen. Die überwiegende Anzahl der Mitteilungen in meinem Dossier sind in der Handschrift des jeweiligen Informanten dokumentiert, der mit seinem Decknamen unterzeichnet. Oberhalb der Mitteilung macht der Führungsoffizier seine Eintragungen, es ist die Signatur. Zur Veranschaulichung: Streng geheim, Nr. 24375/00199/I/A, Informant: „Max", Entgegengenommen: Leutnant Beletescu Ion, Datum: 17.03.1983. Die fünfstellige Zahl ist die Kennziffer des Informanten, die darauffolgende gibt Auskunft über die Anzahl der bis dahin gelieferten Berichte an die Abteilung I/A, zuständig für Kunst/Kultur. Die getippten Abschriften sind nicht unterschrieben, in manchen Fällen steht am Ende der Abschrift vor dem Namen des Informanten und des Führungsoffiziers ss., sequentes, folgend, nicht alle dieser Abschriften enthalten eine vollständige Signatur. Einige

noch vor der Eröffnung des Informativen Vorgangs im Mai 1982. Das erste Gedicht in dieser Chronologie ist „gewesener selbstmordgang der familie", und es wird darauf hingewiesen, daß sein Erscheinen 1973 in „Echinox" zwar verhindert werden konnte, das Gedicht aber dann im Rahmen der Aufstellung „Aktionsgruppe Banat" in der Zeitschrift „Neue Literatur" veröffentlicht wurde.

Neue Literatur 4/1974

gewesener selbstmordgang der familie
(frei nach meiner urgroßmutter und meiner großmutter)

und ich glaube
daß ihr bewußtsein
sich gewandelt hat
da sie an feiertagen
die bäume weißen
und fahnen heraushängen
lange zeit hatten sie keine fahnen
als die todesfahne
die an der kirche hing
wenn jemand gestorben war
man sagte der selbstmord sei in der familie
weil viele selbstmord begangen haben
die tochter des bruders
meiner urgroßmutter
erhängte sich aus liebe für einen mann
alle die selbstmord begangen haben in unserer familie
erhängten sich

---

der handschriftlichen Mitteilungen sind nicht vom Informanten verfaßt, sondern vom Führungsoffizier, der aber ausdrücklich darauf hinweist, daß die Informationen von seiner Quelle stammen laut erteilten Aufgaben. Diese Berichte sind aber mit einer vollständigen Signatur versehen. Alle handschriftlichen Mitteilungen enthalten Anmerkungen, Aufgaben, Maßnahmen, in den getippten Abschriften heißt es zum Schluß: *Anmerkungen, Aufgaben und Maßnahmen wie in der Originalmitteilung vermerkt.*

es erhängte sich mein urgroßvater
er war husar gewesen
erzählte mir meine urgroßmutter
er erhängte sich
als einer ihm ins gesicht schlug
als man ihm
seine eggen pflüge und seine sämaschine wegnahm
die er sich aus der schweiz hat schicken lassen
sagte meine urgroßmutter
er nahm den strick
hielt seine zeit damit fest
und sie beerdigten ihn
weil sie dem arzt zwei zentner weizen geschenkt hatten
und er ein christliches todeszeugnis ausstellte
erzählte meine urgroßmutter
es erhängte sich
ein anderes mädchen der familie
auch aus liebe
und sie beerdigten sie
als jungfrau
sie war auf den strümpfen vom ball nach hause gelaufen
weil die eltern den jungen nicht wollten
mit dem sie getanzt hatte
sie nahm den strick
und hielt ihre liebe damit fest
es erhängte sich ein anderer aus der familie
weil er müde war
er durchschnitt sich mit dem großen messer die venen
lief dann auf den hausboden
und erhängte sich
mit durchgeschnittenen venen
er nahm das große messer und den strick
und hielt seine müdigkeit damit fest
es erhängten sich
noch drei aus der familie
sie waren schon alt

sie nahmen den strick
und hielten ihr alter damit fest

ich glaube daß sich jetzt
ihr bewußtsein gewandelt hat
seit jahrzehnten hat sich keiner mehr erhängt
wegen eggen pflügen sämaschinen
aus liebe
aus müdigkeit
aus alter
sie weißen ihre bäume an feiertagen
und hängen fahnen heraus[11]

Beim Lesen der Interpretation dazu im Bericht fiel mir auf, daß behauptet wird, ich würde in den Schlußzeilen des Gedichts zur Emigration aufrufen. Natürlich hatten die Informanten die Aufgabe, bei der Lektüre literarischer Texte nach Stellen zu suchen, die inkriminiert werden konnten. Aber woher diese Behauptung?
Ich erinnerte mich, daß das Gedicht einen anderen Schluß hatte, der eine Anspielung auf die Emigration der Deutschen aus Rumänien machte, in dieser Fassung aber nie erschienen war, ich selbst besitze die Originalfassung nicht mehr. Auf die stieß ich in meiner Akte und las, wenn auch in rumänischer Übersetzung, nach fast fünfunddreißig Jahren mein Gedicht in der Originalfassung wieder. Rückübersetzt lauteten die Schlußzeilen:

sie träumen jetzt von autos
viel geld
und es ist sehr gut daß sie träumen
einige wollen auswandern

Am 15.10.1973 berichtet Informant „Walter" an Leutnant Herța Gh., als Ort wird Haus Mara[12] genannt, weitere Quellenangaben

---
11 Das Gedicht steht in dieser Fassung auch in meinem Gedichtband „so wars im mai so ist es", Kriterion Verlag, Bukarest 1984.
12 Die Securitate besaß Immobilien/Wohnungen, in denen die konspirativen Treffen mit den Informanten stattfanden. Manchmal stellten auch Personen, die zum

enthält der Briefkopf der getippten Abschrift, ein Durchschlag, nicht. *Hinsichtlich Lippet Johann, mein Name ist handschriftlich eingetragen, einem der jungen Dichter der Gruppe aus dem Banat, von der ich bereits in einer anderen Mitteilung berichtete, informiert Sie die Quelle über folgendes: Ich habe von den Studenten aus Temeswar publizierbares Material für die Nr. 12 der Zeitschrift Echinox (deutsche Seite) verlangt. Ich erhielt einen Umschlag, darin mehrere Gedichte und kurze Prosastücke von mehreren Autoren, der Absender war Richard Wagner* (Name handschriftlich eingetragen). *Unter den anderen Materialien, die ich in Nr. 12 veröffentlichen werde, befand sich auch das Gedicht des oben Genannten.*

Es folgt die Übersetzung des Gedichts in der Originalfassung, darauf ein Kommentar des Informanten. *Vor allem der Schluß des zitierten Gedichtes ist extrem tendenziös. Das Ineinandergreifen der Bilder von Feier und einer korrupten Realität ist gezielt auf die Schlußfolgerung der letzten Zeilen ausgerichtet. Ich möchte darauf hinweisen, daß das Gedicht noch nirgendwo veröffentlicht wurde.* Darunter steht getippt der Deckname ohne Unterschrift.

In der Anmerkung des Führungsoffiziers, getippt, heißt es: *Lippet Johann* (Handschrift), *Student aus Temeswar, wurde uns schon mit interpretierbaren Arbeiten signalisiert, die Materialien wurden an das Kreisinspektorat Temesch gesandt. Die Mitteilung ist wichtig, geht als Kopie an diese Einheit mit dem Vermerk, daß in Klausenburg nur unsere Quelle von diesem Gedicht weiß.*

Am 25.12.1973 geht ein Schreiben, getippt, mit Briefkopf, Kreisinspektorat des Innenministeriums Klausenburg, an den Chef des Dienstes I des Kreisinspektorats Temesch des Innenministeriums, ein Name wird nicht genannt. Das Schreiben ist von Chefinspektor, Oberst Dan Constantin, und vom Chef des Dienstes, Oberstleutnant Musuroia Gheorghe, unterzeichnet und trägt den Stempel der Behörde.

Anbei schicken wir Ihnen zwei Mitteilungen unserer Quelle „Walter", die sich auf Gedichte mit feindseligem Inhalt beziehen, deren Verfas-

---

informativen Netz gehörten, ihre Wohnungen für solche Treffen zur Verfügung, in Institutionen oder Betrieben gab es sogar spezielle Büros für die Securitate, hier wurden Informanten angeworben, Personen einbestellt, um sie einzuschüchtern oder in Anwesenheit von Partei- und Gewerkschaftsfunktionären zu maßregeln.

ser, Namen handschriftlich eingetragen, *Richard Wagner, Gerhard Ortinau und Lippet Johann, sind Studenten der Philologiefakultät aus Temeswar und gehören einer Gruppe junger deutschsprachiger Autoren aus dem Banat an. Die Gedichte wurden im Laufe der Monate Oktober-Dezember laufenden Jahres zur Veröffentlichung an die Zeitschrift „Echinox" geschickt.* Im Schreiben wird darauf hingewiesen, daß die Fälle auch der Direktion I Bukarest gemeldet wurden, und es schließt mit dem Hinweis: *Das zugesandte Material enthält fünf Seiten.*

Das Schreiben trifft am 28.12.1973 ein, hierzu gibt es eine Anordnung, an wen und von wem unleserlich, ohne Nennung des Rangs. In der vom 3.01.1974, Unterschrift unleserlich, ohne Angabe des Rangs, heißt es: *Genosse Major Ianto, legen Sie einen Bericht zum gesamten Material vor mit Vorschlägen zu jedem einzelnen Element, Termin 13.01.1974.*

Die Meldung nach Temeswar zu meinem zitierten Gedicht umfaßt, einschließlich Übersetzung, drei Seiten, die anderen zwei Seiten beziehen sich auf je ein Gedicht von Richard Wagner und Gerhard Ortinau, einschließlich Übersetzung. Die Mitteilung zu den beiden Autoren und den Gedichten stammt vom 5.12.1973 der Quelle „Walter" an Leutnant Herța Gh. im Haus „Mara".

In der Einleitung dazu heißt es: *Hinsichtlich der Gruppe junger Dichter aus dem Banat informiert Sie die Quelle, daß sie eine Aufstellung mit Gedichten in der Zeitschrift „Echinox" veröffentlichen wollen, hierzu wurden mir Gedichte von sieben Autoren (Wagner, Ortinau, Bossert, Bohn, Lippet, Totok und Kremm) zugeschickt.* Auf die von Richard Wagner und Gerhard Ortinau geht die Quelle dann näher ein.

Auf die Interpretation der Gedichte folgt die Anmerkung des Führungsoffiziers: *Die Temeswarer Autoren wurden uns von der Quelle schon öfter mit Gedichten tendenziösen Inhalts signalisiert, vor allem Richard Wagner, die sie an die Zeitschrift „Echinox" schickten. Die Materialien wurden in Kopien ans Kreisinspektorat Temeswar weitergeleitet. Ich telefonierte mit dem Chef des Dienstes I/A, der uns mitteilte, daß die Gruppe unter seiner Beobachtung steht. Da er uns um weiteres informatives Material bittet, weisen wir darauf hin, daß die Quelle „Walter" die Möglichkeit hätte (wenn man ihm Fahrtkosten bezahlt) nach Temeswar zu kommen, weil sie von den genannten Studenten eingeladen wurde.*

Zwei weitere Mitteilungen an Leutnant Herța Gh., getippt, sind dokumentiert, das Haus „Mara" wird im Briefkopf nur in einer angeführt, in beiden jedoch die Kennziffer des Informanten, 18067, und die Anzahl der bisher gelieferten Berichte: 0034 bzw. 0035.

Obwohl mein Name darin nicht genannt wird, wollen wir kurz darauf eingehen, weil es um eine Anthologie geht, in der ich auch vertreten bin. Am 8.03.1973 macht Informant „Walter" Mitteilung über die Anthologie mit jungen deutschen Dichtern aus dem Banat „Wortmeldungen", erschienen 1972 im Facla Verlag Temeswar. In dieser Mitteilung übersetzt und kommentiert er zwei Gedichte von Richard Wagner und eines von Gerhard Ortinau. In einer Anmerkung des Führungsoffiziers heißt es, daß die Quelle nach einer ersten Begegnung mit anderen Personen aus der Gruppe am 15.03.1973 erneut berichten wird.

Und die nächste Mitteilung erfolgt tatsächlich am 15.03.1973, nimmt Bezug auf die Anthologie „Wortmeldungen", geht dann ausführlich auf Ernest Wichner ein. Die Quelle berichtet, unter welchen Umständen sie ihn vor zwei Jahren kennenlernte und was sie damals erfuhr: in Temeswar gebe es Banden, die gegen Zahlung von ungefähr 10.000 Dinar[13] Leute über die Grenze schaffen, in

---

13 Jugoslawische Währung. Schon der Besitz von kleinen Geldsummen in fremder Währung war eine Straftat. Damals setzte eine Fluchtwelle ein, und es waren nicht ausschließlich Deutsche, die dem Land den Rücken kehrten. Der bevorzugte Fluchtweg in den Westen war der über die grüne Grenze zu Jugoslawien, wobei die Flüchtlinge damit rechnen mußten, erschossen zu werden, bei Gefangennahme war massive Mißhandlung, bis zum Totschlag, an der Tagesordnung. Die „Vaterlandsverräter" wurden in Schnellverfahren zu Haftstrafen verurteilt, sie waren stigmatisiert. Es war gang und gäbe, daß die jugoslawischen Behörden einen Teil der Flüchtlinge, die sie faßten, an Rumänien auslieferte, die anderen gelangten, nach Verbüßung einer Haftstrafe wegen illegalen Grenzübertritts, durch Vermittlung der Botschaften, in den Westen. Deutsche hatten wegen ihrer Abstammung keine Probleme Staatsbürger der Bundesrepublik Deutschland zu werden, Flüchtlinge anderer Nationalität stellten einen Antrag auf politisches Asyl, der Großteil der Rumänen entschied sich für Frankreich und die USA. Mit den Jahren bildete sich ein Netz von Fluchthelfern, die hatten ihre Verbindungen zu Offizieren der Grenztruppen, mit denen sie sich die üppigen Geldbeträge teilten. In die Grenzregionen zu gelangen, war nicht einfach, da an den Zufahrtstraßen Kontrollposten eingerichtet waren, auf Feldwegen waren Patrouillen unterwegs, in den Zügen wurde laufend kontrolliert.

PKWs und internationalen Fernlastern. Die Atmosphäre in Temeswar, meint der Informant, begünstigt das Phänomen der Landesflucht, das bestimmt nicht ohne Einfluß auf die jungen Autoren bleiben wird. Von Ernest Wichner weiß er zu berichten, daß dieser sich mit solchen Gedanken trägt, ohne jedoch schon konkrete Pläne zu haben.

Der Führungsoffizier weist in einer Anmerkung darauf hin, daß diese Mitteilung als Kopie an die Direktion I Bukarest und an das Kreisinspektorat Temesch des Innenministeriums geht.

Ich bin auf diese Mitteilung, die nicht mich zum Gegenstand hat, eingegangen, weil darin das Verlassen des Landes angesprochen wird, und weil dieser Aspekt die Securitate auch in meinem Fall über all die Jahre beschäftigen wird: Informanten sollen in Erfahrung bringen, ob ich zu emigrieren beabsichtige.[14]

Zurück zur Eröffnung des Informativen Vorgangs und zum zweiten inkriminierten Gedicht, das in der Aufstellung der „Aktionsgruppe Banat" erschien und über das festgehalten wird, daß es einen allegorischen Kampf mit der Realität des Landes beinhaltet, vergleichbar mit dem des Don Quijote:

Neue Literatur 4/1974

Don Quijote, Sancha Panza und ich

als Don Quijote erkannte,
daß er gegen die wirklichkeit gekämpft hatte,
daß alles wirklichkeit ist,
stieg er von Rocinante
und ging zu fuß in den tod.

Mit Verschlechterung der Beziehungen zu Ungarn Mitte der achtziger Jahre wurde diese Grenze für eine Flucht bevorzugt, weil die ungarischen Behörden die Flüchtlinge nicht mehr auslieferten.

14 Im Sprachgebrauch der Deutschen aus Rumänien hieß es auswandern, in der behördlichen Sprache plecare definitivă din țară – endgültiges Verlassen des Landes.

Sancho Panza stieg von seinem maulesel,
senkte seine lanze
und stieß den schlachtruf seines herrn aus.

ich reite auf der wirklichkeit
  hurre, hurre,
   hopp, hopp,
    hopp
und wär jetzt fast gefallen
    hopp
   ich reite
die wirklichkeit zwischen den beinen
    ho
    ho
nur nicht scheu werden
beim versuch
dich in worten zu fassen[15]

Zu diesem Gedicht existieren in meinem Dossier keine Unterlagen: weder Übersetzung noch Kommentar. Das ist auf Lücken in den mir von CNSAS zur Verfügung gestellten Unterlagen zurückzuführen. Es muß aber die Mitteilung eines Informanten gegeben haben, denn die Securitate bezog sich in ihren Analyseberichten immer auf die Quellen, übernahm deren Einschätzung, oft bis in den Wortlaut.
Diese Veröffentlichung der „Aktionsgruppe Banat" in NL 4/1974 versetzte die Securitate in Alarmbereitschaft, ihre Informanten traten in Aktion.
Bukarest, 22.07.1974, „Puiu", der Deckname des Informanten, steht am Schluß der drei Seiten umfassenden Mitteilung: getippte Abschrift, die Namen handschriftlich eingetragen, Briefkopf, Ministerium des Inneren, Direktion I, keine weiteren Quellenangaben, der Name des Securitate-Offiziers ist nicht genannt.
Die Quelle informiert, beginnt die Mitteilung, *daß die Gedichtaufstellung in „Neue Literatur" 4/1974 unter dem Titel „Aktionsgruppe*

---

15 Das Gedicht erschien nur in der NL.

Banat – Wire Wegbereiter"[16] von der Form her eine Nachahmung literarischer moderner Ausdrucksweisen aus Deutschland der Jahre 1920-1930 ist. Sie hat weder mit Avantgarde noch mit gegenwärtigen Formen von Protest zu tun wie in westlichen Ländern üblich, vor allem in Westdeutschland. Der Informant ist davon überzeugt, *daß die Veröffentlichungen sich gewollt modernistisch geben, von einem größeren Publikum nicht verstanden werden*, und fügt hinzu, daß von einer breiten Leserschaft schon deshalb nicht die Rede sein kann, weil die Zeitschrift nur in 1.500 Exemplaren erscheint, wovon 800 nicht verkauft werden. *Einige dieser literarischen Erzeugnisse*, meint der Informant, *beinhalten so etwas wie Protest, dieser richtet sich aber in den meisten Fällen gegen Engstirnigkeit, Unverständnis, Routine usw. Man könnte diesem Protest aber auch eine politische Absicht unterstellen.*

Der Informant geht anschließend auf einen Text von Werner Kremm ein und legt dar, welche Anspielung dahinter stecken könnte, im Text von Rolf Bossert entdeckt er eine auf die Auswanderung der Banater Schwaben, einen anderen Text von Werner Kremm stuft er als reaktionär ein, den von Albert Bohn als kritisch, aber nicht apokalyptisch, von einem Gedicht Gerhard Ortinaus heißt es, es könnte sowohl positiv als auch negativ verstanden werden.

Mein Gedicht „gewesener selbstmordgang der familie" interpre-

---

16 wire wegbereiter in Anlehnung an den Text der Wiener Gruppe, der als Motto die Aufstellung eröffnet.

    wire wegbereiter
    (konrad bayer gerhard rühm oswald wiener)

zu den höchsten bergeshöhen
zu den gipfeln die wir noch nicht sehen

  immer weiter immer weiter
  schreiten wire wegbereiter

pioniere der zukunft
sind wir die alles machen mit der vernunft

  immer weiter immer weiter
  schreiten wire wegbereiter

    immer weiter immer weiter
    schreiten wire wegbereitet

      immer weiter immer weiter.

tiert der Informant als eine Persiflage auf die Gegenwart. *Früher begingen die Leute aus Liebe, wegen Erbschaft und anderem Selbstmord, erhängten sich, heute weißen sie die Bäume und hängen Fahnen heraus,* begründet er seine Einschätzung und macht darauf aufmerksam, daß erhängen/hängen ein zweideutiges Wortspiel ist.
Die Mitteilung geht noch auf den Begleittext von Gerhardt Csejka[17] ein, zu dem es heißt, daß der Redakteur der Zeitschrift die jungen Autoren nicht in Schutz nimmt, sondern die Leser dazu auffordert, über das Gelesene nachzudenken, es nicht vornweg abzulehnen. Abschließend kritisiert der Informant die Redaktion der Zeitschrift, denn er findet einen der darin abgedruckten Aphorismen von Karl Krauss, den er übersetzt, völlig fehl am Platz und reaktionär. Im Original lautet er: „Eine Heimat zu haben, habe ich stets für rühmlich gehalten. Wenn man dazu noch ein Vaterland hat, so muß man das nicht gerade bereuen, aber zum Hochmut ist kein Grund vorhanden, und sich gar so zu benehmen, als ob man allein eines hätte und die anderen keins, erscheint mir verfehlt."
Abschließend heißt es: *Der Informant wurde um diese Mitteilung gebeten, damit wir uns ein besseres Urteil über die in der Zeitschrift „Neue Literatur" veröffentlichten Materialien bilden können. Die Originalfassung der Mitteilung wird im Vorgang verwertet. Der Informant wurde instruiert, uns mitzuteilen, ob es zu Meinungsäußerungen kommt, von wem und wie.*
In seinem Bericht vom 10.10.1974 entwirft Informant „Sandu" aus Temeswar eine kurze Geschichte der „Aktionsgruppe Banat", sie umfaßt vier Seiten, in Schreibmaschinenschrift, und ist als Kopie ausgewiesen. Im Briefkopf wird der Deckname des Informanten genannt, und es ist vermerkt, daß Major Ianto Petru diese Mitteilung an Stelle von Oberstleutnant Minciu entgegennimmt. *Gegenstand: Hochschulwesen,* ansonsten keine weiteren Quellenangaben.
Unter dem Namen „Aktionsgruppe Banat" (so im Original, in Klammer steht die Übersetzung) *kennt man zur Zeit eine Gruppe junger deutschsprachiger Dichter aus dem Banat,* beginnt Informant „San-

---

17 Redakteur der NL seit 1970, kehrte 1986 von einer Reise in die Bundesrepublik nicht mehr zurück, Literaturkritiker und Übersetzer.

du" seine Mitteilung. Er weist im weiteren darauf hin, daß die Mitglieder der Gruppe schon als Schüler veröffentlichen, später als Studenten in der „Universitas"-Beilage der „Neuen Banater Zeitung" und in der Zeitschrift „Neue Literatur", daß es zu Überwerfungen mit dem Chefredakteur der „Neuen Banater Zeitung", Nikolaus Berwanger, kam, daß die Gruppe ihren eigenen Literaturkreis im Studentenkulturhaus gründete und nun vorwiegend in der „Neuen Literatur" veröffentlicht, wo sie in Redakteur Gerhardt Csejka einen Unterstützer fand, der eine Gruppenaufstellung in Nummer 4/1974 publizierte.

Die Gruppe ist keine Organisation[18] mit Statut, sondern ein Freundeskreis gleichen Alters und Berufs, Studenten der Philologie oder gegenwärtig schon Lehrer, der sich aber anderen jüngeren Schriftstellern gegenüber diskriminierend verhält. Es scheint, daß ihnen die Bezeichnung „Aktionsgruppe Banat" von der deutschsprachigen Presse des Landes verliehen wurde, sie sich selbst anfangs nicht so nannten.[19]

Nach diesen Hinweisen zählt Informant „Sandu" alle Autoren auf, die in der NL 4/1974 veröffentlichen, und er weiß genau Bescheid: daß Werner Kremm, Balthasar Waitz und ich inzwischen das Germanistikstudium absolviert haben und wo wir Lehrer sind, in welchem Studienjahr derselben Fachrichtung sich Richard Wagner, Gerhard Ortinau, William Totok, Ernest Wichner befinden, daß Albert Bohn dieses Studium aufnehmen wird, daß Rolf Bossert ihm in Bukarest nachgeht, Anton Sterbling Bauwesen in Reschitza studiert.

---

18   Den Beweis, daß wir eine organisierte, staatsfeindliche Gruppierung sind, wollte die Securitate erbringen.

19   Am 2.04.1972 erschien in der Studentenbeilage der „Neue Banater Zeitung" ein Rundtischgespräch junger Autoren, Werner Kremm, Johann Lippet, Gerhard Ortinau, Anton Sterbling, William Totok, Richard Wagner, unter der Überschrift „Am Anfang war das Gespräch. Erstmalige Diskussion junger Autoren. Standpunkte und Standorte". In dem von NBZ- Kulturredakteur Eduard Schneider geleiteten Gespräch artikulierten die damals Neunzehn- bis Einundzwanzigjährigen ihre Vorstellungen über die sozial-politische und ästhetische Funktion von Literatur. Ein Redakteur der in Hermanstadt erscheinenden Zeitung „Die Woche" äußerte sich in einer Stellungnahme zu diesem Gespräch und meinte, daß es schön wäre, wenn sich aus dieser Diskussionsrunde eine „Aktionsgruppe" für eine neue Literatur entwickeln würde. Diese Bezeichnung machten sich die jungen Autoren zu eigen, daraus wurde „Aktionsgruppe Banat".

Der Informant meint in Richard Wagner den Kopf der Gruppe ausgemacht zu haben, weist darauf hin, daß er als einziger bereits ein Buch veröffentlicht hat, 1973 den Gedichtband „Klartext". Im weiteren liefert der Informant eine Einschätzung der Gruppe: *intelligent, belesen, vertraut mit der zeitgenössischen rumänischen Literatur, der zeitgenössischen deutschsprachigen aus der DDR, der Bundesrepublik und Österreich. Die schriftstellerischen Anlagen der Mitglieder der Gruppe sind vorwiegend in der Lyrik auszumachen, bloß Ansätze von Prosa*, fährt der Informant fort und meint, daß ihre literarischen Versuche von den Neuerungen in der Literatur beeinflußt sind, und daß man ihr daher vorwerfen könnte, zu avantgardistisch und hermetisch zu sein. Darin sieht der Informant die Ursachen für die Ablehnung der Gruppe durch die älteren deutschsprachigen Schriftsteller aus Temeswar und nennt die Ziele, die sich die jüngeren Autoren gesetzt haben: Überwindung des Provinzialismus in der deutschsprachigen Literatur Rumäniens durch Anknüpfung an die literarische Moderne.

Der Informant weist darauf hin, daß die Mitglieder der Gruppe großes Interesse für innen- und außenpolitische Ereignisse zeigen, führt als Beispiel eine Veranstaltung im Studentenkulturhaus an, als Texte zum Thema Solidarität mit dem chilenischen Volk gelesen wurden.[20] In persönlichen Gesprächen mit Mitgliedern der Gruppe will der Informant erfahren haben, *daß sie sich dem Staat verbunden fühlen, eine engagierte Literatur schreiben wollen. Wiederholt wiesen sie darauf hin, daß über alles gesprochen oder geschrieben werden soll, es keine Tabuthemen geben darf. Aus diesem Grund distanzieren sie sich kategorisch von der Literatur der fünfziger Jahre und lehnen dadurch indirekt einige Praktiken jener Jahre ab.*

Daraufhin berichtet der Informant, daß sich Mitglieder der Gruppe auch „unverstanden" (im Original in Anführungszeichen) glaubten, beispielsweise die Anordnung des Dekanats, sich die Haare schneiden zu lassen, ignorierten und dazu gezwungen werden mußten. *Das ist natürlich nicht das Hauptproblem*, räumt der Informant ein, und führt andere Beispiele an. *So fühlte man sich „unver-*

---

20 Salvador Allende (1908-1973), frei gewählter Präsident Chiles, wurde durch einen Militärputsch 1973 gestürzt, kam dabei ums Leben, eine Militärdiktatur wurde installiert.

standen", als Werner Kremm, damals noch Student, eine Textmontage, aus ihren literarischen Arbeiten zusammengestellt, aufführen wollte, es aber, soviel ich weiß, nicht dazu kam, weil die lokalen Behörden keine Genehmigung erteilten. Andererseits veröffentlichte die „Neue Literatur" diese Arbeiten. Ein ähnlicher Fall ereignete sich vor Jahren, als J. Lippet, damals noch Student, im Literaturkreis „Adam Müller Guttenbrunn" las (geleitet von den „Alten" Franz Liebhard, Nikolaus Berwanger, Hans Kehrer, Ludwig Schwarz) und seine Gedichte wegen ihrer nihilistischen Einstellung, worüber sich streiten ließe, von Nikolaus Berwanger heftig kritisiert wurden. (Der Vorfall trug, wie es scheint, wesentlich zum „Bruch" bei.) Gleichzeitig aber veröffentlichte die „Neue Literatur" eben diese Gedichte.

Im folgenden weist die Quelle darauf hin, daß die jungen Autoren von der Zeitschrift gefördert werden, speziell von Gerhardt Csejka, der die Aufstellung in der NL 4/1974 lobte. Zu den veröffentlichten Texten: *Hauptmerkmale, was die künstlerische Verwirklichung betrifft, sind Wortspiele, formale Künstlichkeit, nicht immer im besten Sinne des Wortes, so daß ein Verständnis sehr schwierig wird, nur für Eingeweihte, aber die jungen Autoren der „Aktionsgruppe Banat" sind noch auf der Suche.*

Abschließend heißt es: *Eine seriöse Analyse über die Tätigkeit der „Aktionsgruppe Banat" wurde noch nicht gemacht, auch ich erhebe diesen Anspruch nicht, vielleicht auch deshalb, weil die Tätigkeit der Gruppe nicht von allen Schöpfern und Liebhabern von Literatur in deutscher Sprache bei uns ernst genommen wurde.*

Dieser Bericht des Informanten „Sandu" aus Temeswar kann wie der des Informanten „Puiu" aus Bukarest als „Expertise" angesehen werden. Derartige Gutachten dienten in einem Gerichtsverfahren als Beweismaterial, es kann also davon ausgegangen werden, daß eine Anklage vorbereitet wurde. Darauf deutet der Hinweis in der Anmerkung zum Bericht des Informanten „Puiu" hin, wo es heißt, daß die Originalfassung der Mitteilung im Vorgang ausgewertet wird, ohne jedoch zu präzisieren, um welchen Vorgang es geht. Und Informant „Sandu" weist ausdrücklich darauf hin, daß wir keine organisierte Gruppe sind, was die Securitate natürlich lieber anders gesehen hätte, weil das für eine Anklage ein wichtiger Punkt gewesen wäre.

An die Einschätzung meines Textes „mutmaßliche überlegungen eines banater schwaben nach der ansiedlung, gründung der wirtschaft und der familie" (frei nach einem volkslied) aus dem Bericht über die Eröffnung des Informativen Vorgangs „Luca", Mai 1982, sei erinnert: Er schildert die Gründung der Wirtschaft durch einen schwäbischen Kolonisten, der Text will verdeutlichen, daß der Schwabe, als er kolonisiert wurde, arm war, aber ein Vaterland hatte, jetzt aber, nachdem er sich alles erwirtschaftet hat, kein Vaterland mehr hat. Hier der Text wie er im Original erschien.

Neue Literatur 11/1974

mutmaßliche überlegungen eines banater schwaben nach der ansiedlung, gründung der wirtschaft und der familie.
(frei nach einem volkslied)

I
als ich in dieses land gekommen bin
war ich ein armer mann
da gab man mir ein stück land
und ich benannte es
sumpfstrand
hieß mein land
und zählte an den fingern
land

II
als ich in dieses land gekommen bin
war ich ein armer mann
da baute ich mir ein haus
und benannte es
hochhinaus
hieß mein haus
sumpfstrand
hieß mein land

und zählte an den fingern
haus
land

III
als ich in dieses land gekommen bin
war ich ein armer mann
da nahm ich mir einen hund
und benannte ihn
ungesund
hieß mein hund
hochhinaus
hieß mein haus
sumpfstrand
hieß mein land
und zählte an den fingern
hund
haus
land

IV
als ich in dieses land gekommen bin
war ich ein armer mann
da kaufte ich mir einen hahn
und benannte ihn
feuermahn
hieß mein hahn
ungesund
hieß mein hund
hochhinaus
hieß mein haus
sumpfstrand
hieß mein land
und zählte an den fingern
hahn
hund
haus
land

V
als ich in dieses land gekommen bin
war ich ein armer mann
da erwarb ich mir eine gans
und benannte sie
weißerschwanz
hieß meine gans
feuermahn
hieß mein hahn
ungesund
hieß mein hund
hochhinaus
hieß mein haus
sumpfstrand
hieß mein land
und zählte an den fingern
gans
hahn
hund
haus
land

VI
als ich in dieses land gekommen bin
war ich ein armer mann
da erarbeitete ich mir ein schwein
und benannte es
unrein
hieß mein schwein
weißerschwanz
hieß meine gans
feuermahn
hieß mein hahn
ungesund
hieß mein hund
hochhinaus
hieß mein haus

sumpfstrand
hieß mein land
und zählte an den fingern
schwein
gans
hahn
hund
haus
land

VII
als ich in dieses land gekommen bin
war ich ein armer mann
da schenkte man mir ein schaf
und ich benannte es
brav
hieß mein schaf
unrein
hieß mein schwein
weißerschwanz
hieß meine gans
feuermahn
hieß mein hahn
ungesund
hieß mein hund
hochhinaus
hieß mein haus
sumpfstrand
hieß mein land
und zählte an den fingern
schaf
schwein
gans
hahn
hund
haus
land

VIII
als ich in dieses land gekommen bin
war ich ein armer mann
da kaufte ich mir eine kuh
und benannte sie
aufundzu
hieß meine kuh
brav
hieß mein schaf
unrein
hieß mein schwein
weißerschwanz
hieß meine gans
feuermahn
hieß mein hahn
ungesund
hieß mein hund
hochhinaus
hieß mein haus
sumpfstrand
hieß mein land
und zählte an den fingern
kuh
schaf
schwein
gans
hahn
hund
haus
land

IX
als ich in dieses land gekommen bin
war ich ein armer mann
da erarbeitete ich mir ein pferd
und benannte es
geldwert

hieß mein pferd
aufundzu
hieß meine kuh
brav
hieß mein schaf
unrein
hieß mein schwein
weißerschwanz
hieß meine gans
feuermahn
hieß mein hahn
ungesund
hieß mein hund
hochhinaus
hieß mein haus
sumpfstrand
hieß mein land
und zählte an den fingern
pferd
kuh
schaf
schwein
gans
hahn
hund
haus
land

X
als ich in dieses land gekommen bin
war ich ein armer mann
da erwarb ich mir ein weib
und benannte es
stolzerleib
heiß mein weib
geldwert
hieß mein pferd

aufundzu
hieß meine kuh
brav
hieß mein schaf
unrein
hieß mein schwein
weißerschwanz
hieß meine gans
feuermahn
hieß mein hahn
ungesund
hieß mein hund
hochhinaus
hieß mein haus
sumpfstrand
hieß mein land
und zählte an den fingern
weib
pferd
kuh
schaf
schwein
gans
hahn
hund
haus
land

XI
als ich in dieses land gekommen bin
war ich ein armer mann
da schenkte mein weib mir ein kind
und ich benannte es
schwabenkind
hieß mein kind
stolzerleib
hieß mein weib

geldwert
hieß mein pferd
aufundzu
hieß meine kuh
brav
hieß mein schaf
unrein
hieß mein schwein
weißerschwanz
hieß meine gans
feuermahn
hieß mein hahn
ungesund
hieß mein hund
hochhinaus
hieß mein haus
sumpfstrand
hieß mein land
und zählte an den fingern
kind
weib
pferd
kuh
schaf
schwein
gans
hahn
hund
haus
land [21]

Obwohl es zu diesem Text besagte Einschätzung gibt, die von einem Informanten stammen muß, der wahrscheinlich den Text auch übersetzt hat, fehlen die Unterlagen in meinem Dossier, zum

---

21 Der Text steht in meinem Gedichtband von 1984, hier ist auch der Zusatz im Titel enthalten: ansätze zu einem nationalepos.

Text gibt es aber eine andere Mitteilung, getippte Abschrift.
Kopie, Nr. 22943/I/003, Datum 07.01.1975, Quelle: Mitarbeiter „Thomas", Empfänger: Major Köpe R., Gegenstand: Faschistische Deutsche Elemente, steht im Briefkopf dieses Schriftstücks. *Die Quelle informiert*, beginnt die Mitteilung, *daß sie am 6.01.1975 mit Lippet Johann, Lehrer an der Allgemeinschule Nr. 8 Temeswar*[22], *sprach hinsichtlich des Gedichtes „mutmaßliche überlegungen eines banater schwaben nach der ansiedlung, gründung der wirtschaft und der familie", veröffentlicht in der Zeitschrift „Neue Literatur" Nr. 11/1974. Es folgt die Übersetzung des Titels ins Rumänische, der Originaltitel ist handschriftlich, in Großbuchstaben. Aus dem Untertitel geht hervor, daß es sich um die Bearbeitung eines Volksliedes handelt, der Text ist ein Fragment aus einer größeren Arbeit. Die Quelle äußerte Kritik an der Form dieses Gedichtes, weil sie literarisch wertlos ist.* Sie weiß zudem, daß das Gedicht noch keine endgültige Fassung hat und noch fortgeschrieben werden wird. Die Mitteilung bezieht sich im weiteren auf zwei andere Gedichte, die ebenfalls in dieser Nummer der NL erschienen. „Eins, zwei, drei" spricht die Quelle jegliche literarische Qualität ab, „Sommersonnenaufgänge auf der Banater Heide" hält sie *vom literarischen und ästhetischen Standpunkt für gelungen*. Zum Schluß: *Die Quelle weist darauf hin, daß sie mit oben Genanntem ihre Kindheit verbrachte, und daß sie Klassenkollegen von der fünften bis in die zwölfte waren. Temeswar, 7.01.1975 ss.* „Thomas" steht darunter, dann folgt von Seiten des Führungsoffiziers: *Anmerkungen, Aufgaben und Maßnahmen wie in der Originalmitteilung vermerkt, ss. Major Köpe Rudolf*.
Zu den beiden letzten inkriminierten Gedichten im Bericht über die Eröffnung des Informativen Vorgangs heißt es: *Sie haben vom politischen Standpunkt aus einen interpretierbaren Inhalt*. Wie im Fall von „Don Quijote, Sancho Panza und ich" gibt es dazu in den mir zur Verfügung gestellten Unterlagen keine Mitteilung eines Informanten. Sie müssen der Securitate aber wenigstens in Übersetzung vorgelegen haben, da sie Erwähnung in diesem wichtigen Dokument finden.

---

[22] An dieser Schule war ich 1974-1978 als Deutschlehrer tätig.

Neue Banater Zeitung - Wortmeldungen '82 (10.02.1982) [23]

Vom seltsamen Haus und vom seltsamen Mann

seltsames haus, in dem ich wohne,
das ich mir nicht ausgesucht,
seltsames haus, in dem ich lebe.

durchs haus wehen die winde:
der ostwind ist heiter,
der westwind gescheiter,
der südwind ist lau,
der nordwind ganz schlau.

seltsamer mann, der du das haus bewohnst:
mit den himmelsrichtungen an füßen und händen,
mit den winden in den taschenenden.

seltsames haus, in dem ich wohne,
das ich mir nicht ausgesucht,
seltsames haus, in dem ich lebe:
mit dem osten ganz weit,
mit dem westen bereit,
mit dem süden ganz munter,
mit dem norden noch bunter.

seltsames haus, in dem ich wohne.

mein gesichtskreis das ende der welt.[24]

---

23 In Anlehnung an den Titel der 1972 im Facla Verlag Temeswar erschienene Lyrikanthologie mit Banater Autoren „Wortmeldungen" veröffentlichte die NBZ mehrere Aufstellungen mit Lyrik und Prosa, in der Autoren jener Anthologie und andere zu Wort kamen.
24 Das Gedicht erschien in einer Aufstellung mit anderen Gedichten auch in der NL 4/1982. In einer leicht veränderten Fassung fand es Eingang in den Gedichtband „Abschied, Laut und Wahrnehmung", Wunderhorn Verlag, Heidelberg 1994.

Wintergefühl 1981

die raben ziehen ihre runden unter dem himmel.
die schwalben sind weg, die weltreisenden,
die störche entflohen, die richtungsweisenden,
die sperlinge, die ausharrenden, richten sich ein
für den winter.
es werden die tage, die meinen, kürzer,
es werden die nächte, auch meine, länger,
der winter ist da.
der meine bricht los.[25]

Fünf Gedichte werden im Bericht über die Eröffnung des Informativen Vorgangs vom 3.05.1982 als Beweise meiner staatsfeindlichen schriftstellerischen Tätigkeit aufgeführt, zudem wird auf meine kritische Haltung zu sozial-politischen Aspekten des Landes hingewiesen, auf meine Mitgliedschaft im Literaturkreis „Adam Müller-Guttenbrunn" und die Beziehungen zu meinen Temeswarer Schriftstellerkollegen. Doch nicht allein darauf beschränkte sich das Wissen der Securitate, wie Mitteilungen von Informanten zu mir und der „Aktionsgruppe Banat" belegen, die bisher Erwähnung fanden. Was die Securitate bis 1982 noch wußte und welche Maßnahmen sie ergriff, dokumentieren Schriftstücke, die im folgenden näher beleuchtet werden sollen.

---

25 Das Gedicht erschien auch in der NL 4/1982. In einer leicht veränderten Fassung fand es Eingang in meinen Gedichtband von 1994.

2. Deutsche faschistische Elemente

Zwei Mitteilungen, getippte Abschriften, des Informanten „Tiberiu" an seinen Führungsoffizier, Major Stoica Ioan, geben Auskunft über mein Verhalten an der Allgemeinschule Nr. 8 Temeswar. In beiden ist die Kennziffer des Informanten angeführt, zum Gegenstand heißt es: *Deutsche Faschisten*.
In seiner Mitteilung vom 25.03.1975, hier wird als konspirativer Ort Haus „Sandu" angeführt, berichtet Informant „Tiberiu", daß ich Schwierigkeiten hatte, eine Wohnung zu finden, anfangs bei einer Familie wohnte, Name und Adresse werden angeben, deren Sohn ich Nachhilfeunterricht erteilte, daß ich es leid war und schließlich ein Zimmer fand, Name und Anschrift des Vermieters werden genannt.[26]
Der Informant weist darauf hin, daß ich schon einiges veröffentlicht habe, regelmäßig literarische Veranstaltungen besuche, neulich in Bukarest las.[27] *Die Quelle*, heißt es weiter, *las zwei Gedichte, verstand aber nicht viel, so erging es auch anderen Kollegen, die meinten, man sollte den Autor doch mal fragen, worum es in diesen Gedichte eigentlich geht. Die Quelle weist darauf hin, daß Genannter wegen des Altersunterschieds zu den Lehrerkollegen keine freundschaftlichen Beziehungen pflegt. Er hat einen Freundeskreis außerhalb der Schule.*

---

26 Wegen der Namensgleichheit verwechselt der Informant den Vermieter mit dem Stellvertretenden Chefredakteur der NBZ, zudem gibt er als meinen Heimatort den Namen eines anderen Dorfes an.
27 Es handelt sich um eine Lesung von Mitgliedern der „Aktionsgruppe Banat", Februar 1975, im „Friedrich Schiller"-Kulturhaus in Bukarest

In der Mitteilung vom 21.05. 1975 will Informant „Tiberiu" eine Veränderung in meinem Verhalten beobachtet haben: *Er ist sehr zurückhaltend geworden, redet außer der Deutschlehrerin* (deren Name wird genannt) *mit niemandem. Die Quelle macht darauf aufmerksam, daß Genannter in letzter Zeit sehr unruhig ist, daß ihn etwas beschäftigt, konnte aber den Grund nicht erfahren.*
Bloß zehn Zeilen, getippt, ohne Briefkopf, Datum und Adressat, umfaßt eine Mitteilung, die eingangs Angaben zu meiner Person macht. Dann heißt es: *Es gibt Hinweise, daß er zweideutige Gedichte schreibt, negativ interpretierbar, feindselig der Gesellschaftsordnung unseres Landes gegenüber eingestellt ist, zudem ist er Mitglied des Kreises junger deutschsprachiger Schriftsteller, der sich „Aktionsgruppe Banat" nennt. Wir bitten um die Erlaubnis, ihn von unseren Organen bearbeiten zu lassen zwecks Überprüfung der vorhandenen Informationen. Genosse,* Name unleserlich, *ist damit einverstanden*, heißt es in einer handschriftlichen Notiz mit einem Kürzel, unter der auch das Datum steht: 24.09.1975.
Am 6.10.1975 ergeht ein Schreiben des Kreisinspektorats Temesch des Innenministeriums, getipptes Formular mit Freizeilen für handschriftliche Einträge, an das Innenministerium Bukarest, Spezialeinheit „S", worin um Amtshilfe gebeten wird, es ist vom Chef des Sicherheitsdienstes, Oberst Tiberiu Rusalin, und vom Chef des Dienstes I, Oberstleutnant Mărgineanu Gheorghe, unterschrieben. Es soll festgestellt werden: ob ich Daten oder Materialien feindlichen Inhalts verschicke, ob ich literarische Texte verschicke, von Interesse sind Verbindungen zu Personen in der Bundesrepublik, Frankreich, Österreich und der Schweiz. Die gewonnenen Daten sind an Major Köpe Rudolf weiterzuleiten. Spezielle Maßnahme: *Die zwecks Veröffentlichung verschickten Materialien und die feindseligen Charakters werden zurückbehalten, von den anderen Xerokopien gemacht und zugeschickt.* Als Zeitraum der Überwachung des Briefverkehrs ist angeführt: 5.10.1975- 5.04.1976.
Am 8.10.1975 richtet die Militäreinheit 0850 des Innenministeriums aus Temeswar ein Schreiben, getippt, an das Büro für Abwehr der Militäreinheit aus Lipova, ohne namentliche Nennung des Adressaten, wo ich seit dem 21.09.1975 Wehrdienst leiste.
Wir bitten Sie, Maßnahmen einer informativen Erfassung des Ge-

nannten Lippet Johann zu ergreifen, heißt es eingangs, darauf folgen Angaben zu meiner Person. *Von Genanntem wissen wir, daß er sich mit Poesie beschäftigt und zum Kreis junger deutschsprachiger Dichter gehört, „Aktionsgruppe Banat" genannt. Die von den Mitgliedern dieses Kreises verfaßte Literatur hat einen zweideutigen Charakter und ist vom politischen Standpunkt aus negativ interpretierbar. Wir weisen darauf hin, daß Genannter Parteimitglied ist, es liegt jedoch die Genehmigung der kompetenten Organe vor zwecks Überprüfung seiner Tätigkeit. Weil die Aktion sich im Stadium der Finalisierung befindet, bitten wir, uns die Unterlagen so rasch wie möglich zu schicken.*

Eine rege Korrespondenz entfaltet sich in der Zeit vom 24.09. bis zum 8.10.1975, darin der Hinweis auf eine groß angelegte Aktion und deren Finalisierung. Daß diese dann bereits am 11.10.1975 stattfand, ist wohl eher einem Zufall zu verdanken. Oder stand die Securitate unter Druck, und es kam zu einer Überreaktion?

An dem Tag wurden William Totok, Richard Wagner, Gerhard Ortinau und der Redakteur der NL Gerhardt Csejka, der in Temeswar zu Besuch war, auf der Fahrt in einem PKW nach Komlosch, an der Grenze zu Jugoslawien gelegen und der Geburtsort von Totok, unter dem fadenscheinigen Vorwand der Republikflucht von Grenzern verhaftet und dann der Securitate übergeben.

Während ihrer einwöchigen Haftzeit wurden sie von der Securitate zu Veröffentlichungen, die in rumänischer Übersetzung vorlagen, verhört, die Schriftsteller außerdem zu ihrer literarischen Tätigkeit, Lesungen im Literaturkreis „Universitas" des Studentenkulturhauses Temeswar und in den deutschsprachigen Literaturkreisen aus Klausenburg und Bukarest. Der Vorwurf: Verfassen feindseliger Schriften, Propaganda gegen die sozialistische Gesellschaftsordnung.[28]

---

28 Im Juni und Juli 1975 hatten bei Totok Hausdurchsuchungen stattgefunden, es wurden Bücher und Manuskripte beschlagnahmt, während der einwöchigen Haftzeit fanden bei Totok und Ortinau Hausdurchsuchungen statt. Darüber berichtet Totok ausführlich in seinem bereits erwähnten Buch „Die Zwänge der Erinnerung" und über seine erneute Verhaftung im November 1975, die ihm 8 Monate Untersuchungshaft einbrachte.

Das folgende Dokument, Mitteilung betitelt, getippt, ohne Briefkopf, Kürzel, Datum, Unterschrift, liegt mir in zwei Fassungen vor. Die erste Fassung, zwei Seiten, enthält den handschriftlichen Hinweis zur Einfügung von Textstellen vor dem letzten Abschnitt, die zweite Zeile des letzten Abschnitts ist handschriftlich korrigiert, das Mitglied der „Aktionsgruppe" namentlich genannt: Totok William. Die zweite Fassung, drei Seiten, ebenfalls ein Durchschlag, ist die endgültige, es ist ein Bericht, zusammengestellt aus bereits vorhandenen Informationsquellen.

Eingangs werden meine persönlichen Daten festgehalten: Geburtsdatum, Geburtsort, Staatsbürgerschaft, Studium, Arbeitsplatz, als Anschrift ist die Adresse meines Heimatdorfes angegeben. Durch den folgenden Hinweis läßt sich der Zeitpunkt der Niederschrift in etwa zeitlich einordnen: *Zur Zeit leistet Genannter seinen Wehrdienst ab*[29].

Genannter, heißt es weiter im Bericht, *gehört zu einer Gruppe junger deutscher Schriftsteller,* Namen werden keine genannt, *die ihre Tätigkeit im Rahmen des Literaturkreises „Universitas" des Studentenkulturhauses entfaltete. Gemeinsam mit Mitgliedern des Literaturkreises nahm er an einem „Rundtischgespräch"* (im Original in Anführungszeichen gesetzt) *zu Themen von Literatur teil, die Schlußfolgerungen dieses Gesprächs wurden 1972 in der Beilage für Studenten der deutschsprachigen Lokalzeitung „Neue Banater Zeitung" veröffentlicht. Von diesem Zeitpunkt an ist die literarische Tätigkeit des Genannten eng mit dieser Gruppe verbunden, deren Mitglieder sich durch Zusammenarbeit und Beratung gegenseitig beeinflussen. Gemeinsam mit der Gruppe veröffentlichte er Gedichte in Zeitungen und Zeitschriften, nahm an kulturellen Veranstaltungen in Lyzeen, Kulturhäusern und Klubs teil, wo man unter dem Namen „Aktionsgruppe Banat" auftrat.*

Die nächsten vier Abschnitte des Berichts sind identisch mit de-

---

29 Meinen Wehrdienst leistete ich September 1975- April 1976 ab. Für Hochschulabsolventen dauerte er damals 6 Monate, später leistete man nach bestandener Aufnahmeprüfung vor Beginn des Studiums seinen Militärdienst ab, der dann 9 Monate betrug. Das vorliegende Dokument muß nach meinem Verhör in der Militäreinheit von Lipova am 21. Oktober 1975 verfaßt worden sein, siehe auch Anmerkung 30.

nen aus dem Bericht über die Einleitung des Informativen Vorgangs vom 3.05.1982, auf den Inhalt sei noch einmal stichwortartig hingewiesen: Hinwendung zu sozialen Themen, feindselige Einstellung, die Unterbindung der Veröffentlichung in „Echinox" 12/1973 findet Erwähnung, meine Veröffentlichungen in der NL 4 und 11/1974 und deren Einschätzung.

Anläßlich des dreijährigen Bestehens der „Aktionsgruppe Banat", heißt es im endgültigen Bericht weiter, *beschlossen die Mitglieder, das Ereignis feierlich zu begehen. Zu dieser Feier fertigten Lippet Johann, Wagner Richard und William Totok eine literarische Montage an, bestehend aus Gedichten und Prosa der Mitglieder der „Aktionsgruppe Banat". Durch den Aufbau der Montage sollte zum Ausdruck gebracht werden, daß die Bevölkerung unseres Landes keine Freiheiten hat, daß es einem deutschen Schriftsteller nicht möglich ist, sich frei auszudrücken, wodurch die sozial-politischen Verhältnisse unseres Landes tendenziös dargestellt werden. Die Montage wurde auf Tonband aufgezeichnet und auf der Sitzung des Literaturkreises „Universitas" am 17. Mai 1975 vorgestellt, an der Veranstaltung nahmen Schüler, Studenten und Lehrkräfte der Universität teil, die sich über den tendenziösen Inhalt dieser Montage Rechenschaft gaben.*

Am Abend des 17. Mai 1975 fand in der Wohnung von Gerhard Ortinau in Temeswar eine Feier statt, bei der unter anderen Personen auch Lippet Johann teilnahm. Aus diesem Anlaß wurde die Aufzeichnung noch einmal abgespielt, sie wurde kommentiert, und es wurde darüber diskutiert. Desgleichen fanden tendenziöse Gespräche statt, die sich auf die sozial-politischen Verhältnisse unseres Landes bezogen.

Im Rahmen der Untersuchungen zu Gesetzesverstößen des Genannten William Totok, Mitglied der „Aktionsgruppe" fährt der Bericht fort, *wurde Lippet Johann als Zeuge vernommen, er versuchte anfangs zu leugnen, etwas über diese Tätigkeit zu wissen. Letztendlich aber gab er zu, einige der Gedichte des Genannten zu kennen und deren tendenziösen, feindseligen Inhalt.* Der Bericht schließt mit der Feststellung: *Es muß aber davon ausgegangen werden, daß er nicht alles sagte, was er über die gesetzwidrigen Tätigkeiten seines Kollegen weiß und über die Umstände, unter denen er sie ausübte.*[30]

---

30 Dieser Abschnitt bezieht sich auf meine Vernehmung durch Oberleutnant

Am 6.11.1975 ergeht ein Schreiben des Kreisinspektorats des Innenministeriums Temesch an das Büro „S" Temesvar, getipptes Formular mit Freizeilen für handschriftliche Eintragungen. Darin wird angeordnet *durch Anwendung der zur Verfügung stehenden spezifischen Mittel* Informationen über meine Person zu sammeln: ob ich feindselige Äußerungen zu sozialen und politischen Aspekten des Landes mache, was ich zu unternehmen gedenke, das für die Organe von Interesse sein könnte. Die Erkenntnisse sind an Major Köpe Rudolf weiterzuleiten, *die Materialien feindseligen Inhalts im Original zuzuschicken, der Rest als Kopien.* Als Zeitraum der Überwachung ist angeführt: 10.11.1975 – 10.05.1976.

Die Verhaftung von Mitgliedern der „Aktionsgruppe" im Oktober 1975 und die Monate danach löste bei der Securitate höchste Alarmbereitschaft aus. Obwohl ich beim Militär war und gar keine Briefe ins Ausland schreiben durfte, ging das in meinem Fall soweit, daß die Briefe, die meine Mutter an Verwandte ins Ausland schrieb oder von denen erhielt, abgefangen und kopiert wurden. In meinem Dossier befinden sich 17 dieser Briefe aus der Zeitspanne 22.10.1975 – 23.04.1976, von der Spezialeinheit „S" abgefangen, zuständig für die Kontrolle des Briefverkehrs. Hin und wieder sind Passagen daraus übersetzt, sie beziehen sich auf familiäre Mitteilungen über mich oder daß meine Mutter ihrer Wut in einem Brief an ihre Schwester in Österreich Luft macht, weil eine genehmigte Besuchererlaubnis wieder rückgängig gemacht wurde. Für das Lesen der Briefe meiner Tante, die noch in der sogenannten

---

Petru Pele von der Securitate in der Militäreinheit Lipova, nachdem meine Schriftstellerkollegen wieder auf freiem Fuß waren. Zu den Gründen dieses Verhörs wurde ich vom Chef der Abwehr der Militäreinheit im nachhinein nicht befragt. Der war kurz vor Beendigung des Verhörs erschienen und stauchte Pele zusammen, erinnerte ihn an Dienstvorschriften, daß er nicht das Recht habe, einen Angehörigen der Armee ohne sein Beisein zu verhören, ein Kompetenzstreit. Nach der Entlassung von Totok im Juni 1976 aus der Untersuchungshaft erzählte ich ihm von meiner Vernehmung. Sein Studium konnte Totok nur unter großen Schwierigkeiten wieder aufnehmen. Zu anderen Mitgliedern sei noch vermerkt: Wichner und Sterbling emigrierten 1975 in die Bundesrepublik, Kremm zog sich aus dem literarischen Leben zurück, wie auch weitgehend Albert Bohn, Ortinau veröffentlichte 1976 im Dacia Verlag Klausenburg den von der Zensur verstümmelten Prosaband „die verteidigung des kugelblitzes", er wanderte 1980 aus.

gotischen Schreibschrift schrieb, muß man einen dieser Schrift Kundigen gefunden haben..

Die Übersetzungen, Handschrift, stehen in einer Druckvorlage. Diese enthält den Briefkopf, *Ministerium des Inneren, Militäreinheit*, deren Nummer ist handschriftlich eingetragen, sie ist immer dieselbe. Jeder vollständigen Kopie der 17 Briefe ist so eine Druckvorlage beigefügt, in allen steht der handschriftliche Satz: *Anbei schikken wir Ihnen eine Xerokopie zu ihrem Zielobjekt.*

Auf dem ersten Formular vom 22.10.1975, ein Tag nach meinem Verhör in der Militäreinheit von Lipova, ist vermerkt: *sehr dringend, herausfinden, ob von der Gruppe,* die „Aktionsgruppe" ist gemeint, *die Rede ist.*

Wenn man bedenkt, daß es eine Druckvorlage für das Öffnen und Kopieren von Briefen gab, wobei das in der Verfassung garantierte Recht des Briefgeheimnisses offenbar keine Rolle spielte, kann man sich das Ausmaß der Bespitzelung der Bevölkerung vor Augen führen.

Zwei Dokumente in Handschrift, nicht datiert, ohne Quellenangaben, seien an dieser Stelle erwähnt, weil sie ein weiterer Beweis für die flächendeckende Überwachung und Bespitzelung der Bevölkerung durch die Securitate sind.

Das erste Dokument enthält die Auflistung meiner Familienangehörigen im Inland, mit Angabe von Geburtsdatum, Anschrift und Beruf, der Verwandten im Ausland sowie die Auflistung von Familienangehörigen meiner Frau, mit Angabe von Geburtsdatum, Anschrift und Beruf.

Die Randnotiz, *Dossier Paß*, mit Angabe der Nummer, muß später hinzugefügt worden sein, als 1986 mein Ausreiseantrag bearbeitet wurde, da zu dem Zeitpunkt die Angaben zu den Familienangehörigen so nicht mehr stimmten, zwei meiner Schwestern bereits ausgewandert waren.

Das zweite handschriftliche Dokument beinhaltet die Auflistung sämtlicher Personen der 19 Appartements im Stiegenhaus des Wohnblocks, in den ich Oktober 1977 einzog. Das Schriftstück ist wahrscheinlich vom Wohnblockverwalter verfaßt, anhand der Mietverträge. Zu den einzelnen Personen ist angegeben: Geburtsdatum, Geburtsort, Beruf, Arbeitsplatz, Anzahl der Kinder, deren

Name und Geburtsdatum. Dieses Schriftstück ist zudem auch ein Beweis, wie Bespitzelung funktionierte, denn zu einzelnen Personen gibt es Anmerkungen: ein Ehepaar ist auf Arbeit in Lybien[31], jemand wird bald umziehen, ein anderer ist kürzlich eingezogen, ein Bewohner lebt von seiner Frau getrennt, die ihn hin und wieder besucht, ein anderer hatte Probleme mit der Polizei, betreibt Schwarzhandel, ein anderer wird oft von unbekannten, zwielichtigen Personen besucht.

Am 26.04.1976 wird ein Brief aus dem Ausland abgefangen, der in handschriftlicher Übersetzung auf einem jener Formulare zur Überwachung des Briefverkehrs dokumentiert ist, als Anschrift wird bloß *Allgemeinschule Nr. 8 Temeswar* angegeben, wo ich nach meinem Militärdienst seit kurzer Zeit wieder unterrichtete.

Dr. Inge Meidinger-Geise, Vorsitzende der internationalen Schriftstellervereinigung „Die Kogge"[32] fragt an, ob ich Mitglied werden möchte. Sie stellt kurz die Ziele der Vereinigung vor, die 200 Mitglieder aus 11 Nationen hat. Sie weist darauf hin, daß sie durch die Zeitschrift „Der Literat" aus Frankfurt/Main auf mich aufmerksam wurde und daß sie mir gerne zusätzlich Material zur Vereinigung zuschicken würde.

Ich kann mich nicht erinnern, daß ich Gedichte an die Zeitschrift „Der Literat" schickte, weiß aber noch, daß ich über diesen Brief, der mir dennoch zugestellt wurde, nicht wenig erstaunt war, daß ich antwortete und darum bat, mir zusätzliches Material zu schikken, um die Vereinigung näher kennen zu lernen. Ob der Brief ankam, weiß ich nicht, jedenfalls blieb es bei dieser ersten Kontaktaufnahme.

Die Mitteilung des Informanten „Tiberiu" vom 26.01.1977 an Major Stoica Ioan, mit Nennung der Kennziffer des Informanten, liegt diesmal in Handschrift auf, zum Gegenstand heißt es wieder: *Deut-*

---

31 Im Rahmen sogenannter Wirtschaftshilfe arbeiteten damals vorwiegend Ingenieure in Lybien.
32 In einer Notiz auf der Druckvorlage mit dem übersetzten Brief heißt es, daß in letzter Zeit mehrere Briefe dieser Art eintrafen, und daß darüber Bericht erstattet wurde. Von Kollegen erfuhr ich damals, daß die Vorsitzende der „Kogge" auch sie kontaktiert hatte.

sche Faschistische Elemente[33]. Es ist die dritte und letzte Mitteilung in meinem Dossier, insgesamt verfaßte der Informant bis dahin 28. Er berichtet, daß ich nach Ableistung meiner Wehrpflicht weiterhin an der Allgemeinschule Nr. 8 unterrichte, daß ich in Gesprächen nicht die Absicht geäußert habe, auszuwandern, daß ich betrübt bin, weil ich noch immer keine Wohnung zugeteilt bekam und meine Frau ihre Stelle als Lehrerin in einem anderen Kreis erhielt. Der Informant fährt fort: *Er war über die Entscheidung des Kreisschulamtes verärgert, weil dieses die Wohnung, die ihm vom Volksrat zugeteilt wurde, an einen anderen Lehrer vergab. In Gesprächen*, schließt der Bericht, *beschimpfte er nicht den Staat, sondern nur die lokalen Behörden, die ihn ungerecht behandelten.*

In den Bemerkungen des Führungsoffiziers zur Mitteilung heißt es: *Genannter L. J. wird in E.D.P.*[34] *im Rahmen des Problems bearbeitet.* Der Informant soll herausfinden, ob ich Freunde in Temeswar habe, ob ich von diesen besucht werde, wer die Personen sind, und ob sich diese Besuche wiederholen. *Diese Mitteilung wird an Major Köpe Rudolf weitergeleitet,* vermerkt der Führungsoffizier abschließend.

Bis November 1977 gibt es im Dossier keinen Beleg meine literarische Tätigkeit oder anderes betreffend. Am 11.11.1977 informiert „Mayer" Oberstleutnant Pădurariu über meine Lesung[35] im Literaturkreis „Adam Müller-Guttenbrunn" aus dem Manuskript des Poems „biographie. ein muster".[36]

Vorausgreifend sei zu Informant „Mayer" festgestellt: Er wird auch weiterhin Informationen über meine Lesungen im „Adam Müller-Guttenbrunn" Literaturkreis liefern, er verfaßt aber seine Berichte,

---

33 In keiner der späteren Mitteilungen von Informanten wird, wie bisher, ein Gegenstand angeführt sein.
34 E.D.P (Evidență Dosar Probleme) – Evidenz im Dossier zur Problematik. Neben Dossiers zu einzelnen Personen wurden auch Dossiers angelegt, die einzelne Aspekte unter die Lupe nahmen. Der Hinweis könnte sich auf die Ablegung der Mitteilung im Dossier „Deutsche Faschisten" beziehen oder auf ein Dossier zur „Aktionsgruppe".
35 Nach jahrelangem Dissens mit der Leitung lasen nun auch ehemalige Mitglieder der „Aktionsgruppe Banat" im Literaturkreis.
36 „biographie. ein muster", erschien 1980 im Kriterion Verlag Bukarest, 1983 in rumänischer Übersetzung im Verlag Cartea Românească.

im Unterschied zu anderen Informanten, nicht selbst. Es sind Niederschriften von Oberstleutnant Pădurariu anhand der Aussagen des Informanten „Mayer", ein Vergleich der Handschrift dieser Mitteilungen mit Dienstanweisungen von Oberstleutnant Pădurariu beweisen es: die Handschriften sind identisch. Die Mitteilung vom 11.11.1977 trägt die Kennziffer 12835 und ist die 102. Die Berichte ab 1980 von „Mayer" in meinem Dossier haben die Kennziffer 26546, die Numerierung der gelieferten Beiträge beginnt neu, der letzte in meinem Dossier dokumentierte stammt vom 21.06.1986, ist als handschriftliche Kopie ausgewiesen, eine fortlaufende Nummer fehlt. Die vorletzte Mitteilung zu mir, 31.03.1984, hat die Nummer 134.

Zur Lesung. *Die Quelle „Mayer" macht darauf aufmerksam, daß in der Sitzung des Literaturkreises vom 11.11. laufenden Jahres Lippet Johann eine eigene Arbeit in der Form eines autobiographischen Romans vorstellte*, heißt es eingangs im Bericht. Und weiter: *In dieser Arbeit bezog sich Lippet auf die Verbringung der Bürger deutscher Nationalität zur Wiederaufbauarbeit in die UdSSR[37] und dann in den Bărăgan[38], wobei der erste Aspekt anhand von Daten, die er gesam-*

---

[37] Bis im August 1944 war Rumänien Verbündeter Hitlerdeutschlands, in Folge des Frontwechsels wurden im Januar 1945 die arbeitsfähigen Deutschen aus Rumänien, Frauen im Alter von 18-30, Männer im Alter von 17-45, ungefähr 75.000 Personen, zur Zwangsarbeit in die Sowjetunion deportiert, wobei die Altersbegrenzung nicht immer eingehalten wurde, der Anteil der Frauen unter den Deportierten machte über 53 % aus. Viele starben bereits während des wochenlangen Transports in den Viehwaggons, die unmenschlichen Lebens- und Arbeitsbedingungen in den Lagern überlebten ungefähr 12 % der Deportierten nicht, die höchste Todesrate war in den beiden ersten Jahren zu verzeichnen, die letzten Deportierten kehrten 1949 nach Rumänien zurück. 1947, teilweise noch 1948, gingen die Krankentransporte aber in die Sowjetische Besatzungszone Deutschlands (SBZ), ein Großteil der hier Gelandeten flüchtete über Bayern, Österreich und Ungarn zurück nach Rumänien. Meiner Mutter, die als Siebzehnjährige deportiert wurde, gelang 1948 die Flucht aus der SBZ, sie kam bis Österreich, lernte hier meinen Vater kennen, der aus amerikanischer Kriegsgefangenschaft entlassen worden war. Die in Österreich gegründete Familie kehrte 1956 nach Rumänien zurück.

[38] Im Juni 1951 wurden entlang eines 35 Kilometer breiten Grenzstreifens zu Jugoslawien sogenannte „unzuverlässige Elemente", etwa 40.000 Personen, Rumänen, Deutsche, Serben, Bulgaren, in die Bărăgan- Steppe zwangsumgesiedelt, darunter etwa 10.000 Deutsche. Nach fünf Jahren wurde die Zwangsumsiedlung aufgehoben, der Großteil der 18 neu gegründeten Dörfer wurde der Wüstung überlassen.

melt hat oder von älteren Leuten erfuhr, wiedergeben wird. Außerdem behandelte er die Zeitspanne der Kollektivierung im Banat in der Art und Weise, wie er sie damals sah. Die Arbeit von Lippet, fährt der Bericht fort, *wurde von den Anwesenden sehr gelobt, einschließlich von Berwanger Nikolaus, es wurde hervorgehoben, daß dergleichen bisher noch nicht publiziert wurde, nämlich von der Verbringung einiger Bürger zur Wiederaufbauarbeit in die UdSSR und dann in den Bărăgan. Berwanger Nikolaus versprach übrigens, daß der Roman sofort an einen Verlag geschickt werden wird, um ihn zu veröffentlichen.*
Die Quelle, heißt es weiter, *stellte in der Arbeit von Lippet keine weiteren tendenziösen oder interpretierbaren Aspekte fest, hält sie persönlich vom ästhetischen Gesichtspunkt für gelungen, meint aber, daß ihm das viele Lob der Diskussionsteilnehmer als übertrieben erscheint.*
Zum Schluß macht der Informant darauf aufmerksam, daß in der nächsten Sitzung des Literaturkreises, am 18.11, Peter Riesz aus einem Theaterstück lesen wird, in der Sitzung vom 2.12. Totok William.
In der Bemerkung des Führungsoffiziers zum Bericht heißt es: *Von Lippet weiß man, daß er zum näheren Umkreis von Totok W, Ortinau Gerhard, Wagner Richard und anderen mit feindseligen Einstellungen gehört.*
Maßnahmen: *Der Informant wurde instruiert, herauszufinden, welchen Inhalts die Arbeiten von Totok sind, sollten sich deswegen Probleme ergeben, ist darüber noch vor der Lesung im Literaturkreis Bericht zu erstatten. Außerdem wurde der Informant instruiert, welche Position er im Literaturkreis zu vertreten hat, sollten Personen unangemessene Probleme politischer und ideologischer Natur aufwerfen. Um Auskunft über die Arbeiten von Totok zu erhalten, wurde auch die Quelle „Nelu" instruiert.*
Die Aufgabe, herauszufinden, welchen Inhalt eine literarische Arbeit hat, erteilten die Führungsoffiziere ihren Informanten immer, sie wollten aber auch in Erfahrung bringen, woran ein Autor arbeitet oder worüber er zu schreiben gedenkt. Es gab Tabuthemen, auf welche die Staats- und Parteiführung allergisch reagierte, und mit ihr die Securitate, das wußte man als Autor. Zu diesen Themen gehörten auch die Deportationen in die Sowjetunion und in den

Bărăgan, obwohl sich die Parteiführung auf ihrer Landeskonferenz im Juli 1972 in zurückhaltender Form dazu zum ersten Mal geäußert hatte. Es seien in der Vergangenheit auch Fehler gemacht worden, hieß es damals.

Ein Dokument, Mitteilung betitelt, ist ein zusammenfassender Bericht über Autoren, von denen man weiß, daß sie über die Deportationen geschrieben haben oder zu schreiben gedenken. Aus ihm geht hervor, daß es in drei Exemplaren getippt wurde, das mir vorliegende ist ein Durchschlag, es trägt eine Registriernummer und das Datum 24.04.1978, ansonsten keine anderen Quellenangaben.

Wir sind darüber informiert, daß man im deutschsprachigen Literaturkreis „Adam Müller-Guttenbrunn" aus Temeswar in letzter Zeit das Verfassen und Lesen von literarischen Arbeiten fördert, welche die Verbringung der deutschen Bevölkerung zur Wiederaufbauarbeit in die UdSSR und in den Bărăgan zum Thema haben, heißt es eingangs. *So verfaßte und las Nikolaus Berwanger im Jahr 1977 eine autobiographische Arbeit, in der es auch Hinweise auf die Zeit gibt, als ein Teil der deutschen Bevölkerung zur Wiederaufbauarbeit in die UdSSR und in den Bărăgan verbracht wurde*[39].

Und weiter heißt es: *Aus Anlaß der Hochzeit seiner Tochter im August 1977, zu der auch der deutschsprachige Autor Ludwig Schwarz eingeladen war und der gerade Geburtstag hatte, trat Nikolaus Berwanger ans Mikrofon, beglückwünschte ihn und sagte unter anderem: „Ein langes Leben, und daß es dir gelingt, den Roman über den Bărăgan zu schreiben."* (Zitat im Original)

Berwanger Nikolaus bezog sich in einem Gespräch mit Mitgliedern des Literaturkreises auf die Notwendigkeit des Verfassens und Publizierens von Arbeiten zu diesen Themen und meinte, daß „die Verbringung vieler Bürger deutscher Nationalität zur Wiederaufbauarbeit in die UdSSR und dann in den Bărăgan das Leben der Deutschen aus Rumänien tief geprägt haben, das sind Probleme, die vom politischen und historischen Standpunkt als Fehlentscheidungen der damaligen Staatsführung angesehen werden, die in der Gegenwart von der Posi-

---

39 Sowohl in der Mitteilung des Informanten „Mayer" als auch in diesem Bericht wird der Begriff Deportation nicht verwendet, sondern der Euphemismus Verbringung, wie es die offizielle Sprachregelung vorsah.

tion eines engagierten Schriftstellers behandelt werden müssen und nicht nur in revanchistischen Werken aus dem Westen ihren Niederschlag finden dürfen." (Zitat im Original)
Mehrere deutschsprachige Autoren, die an diesem Literaturkreis teilnahmen, schlußfolgert der Bericht daraufhin, *beschäftigen sich nun mit diesen Themen, einige von ihnen verfaßten dergleichen Arbeiten und lasen daraus, bekannt sind uns die folgenden:*
- Lippet Johann, Lehrer an der Allgemeinschule Nr. 8, verfaßte eine solche Arbeit und las im Literaturkreis daraus vor, das autobiographische Werk bezog sich auf die Verbringung der deutschen Bevölkerung zur Wiederaufbauarbeit in die UdSSR.
- Samson Horst[40], *Redakteur der "Neue Banater Zeitung" verfaßte und las ein Gedicht, das sich auf den Bărăgan bezieht.*
- Ludwig Schwarz[41] *ebenfalls aus der Redaktion der "Neue Banater Zeitung" ist dabei, einen Roman mit dem Titel "Dorf ohne Schatten" zu schreiben, der verdeutlichen soll, daß durch die Verbringung in den Bărăgan die Menschen entwurzelt worden wären, dort nicht einmal Schatten hatten.*
- Heinz Stefan[42], *gewesener Schauspieler am Deutschen Theater, gegenwärtig Rentner, will ein dramatisches Werk in zwei Teilen verfassen, der erste soll die Verbringung einer Familie in einem Viehwaggon in die UdSSR zum Thema haben, der zweite die Rückkehr der Familie aus der UdSSR zum Wohnort. Stefan Heinz will dieses Stück dem Deutschen Theater vorlegen, wo es bis November laufenden Jahres aufgeführt werden soll.*
Wir glauben, heißt es schlußfolgernd, *daß das Verfassen, die Darbietung und die Veröffentlichung von Werken mit dieser Thematik in den Reihen der deutschen Bevölkerung, einschließlich der Jugend, zum Wiedererwachen von unangemessenen Gefühlen führt, und das um so mehr, da auch gegenwärtig von einigen Personen die Idee der Auswanderung vertreten wird, weil sie angeblich im Laufe der Jahre un-*

---

40 Wurde während des Zwangsaufenthalts seiner Eltern dort geboren.
41 Ludwig Schwarz (1925-1981), Publizist und Schriftsteller. Den Roman „Dorf ohne Schatten" schrieb er nie, in seinem Nachlaß fand sich ein Heft, in dem allein der Titel erwähnt wird.
42 Bekannt als Hans Kehrer, Gründungsmitglied des Deutsches Staatstheaters Temeswar, für das er mehrere Stücke verfaßte. Die Mitteilung bezieht sich auf das Stück „Viehwaggon 21", das nicht zur Aufführung kam.

gerecht behandelt wurden und ihnen Schwierigkeiten durch die Verbringung in die UdSSR und in den Bărăgan entstanden sind. Wir schlagen vor, heißt es abschließend, mit Berwanger Nikolaus ein Gespräch zu führen, hinsichtlich der Absicht einiger Personen deutscher Nationalität, dergleichen Materialien zu veröffentlichen, mit dem Zweck einer Stellungnahme zu diesen Fällen.
Bis Dezember 1979 gibt es in der Akte keine Unterlagen über die Tätigkeit der Securitate zu meiner Person, doch es passierte einiges. Im Herbst 1978, beginnend mit der Spielzeit 1978/79, wurde ich Dramaturg am Deutschen Staatstheater Temeswar. Der Posten war vakant geworden, ein Wettbewerb wurde ausgeschrieben, es bewarben sich außer mir noch drei Kandidaten, ich wurde genommen. Drei Tage vor Weihnachten 1978 wurde ich vom Intendanten des Theaters verständigt, mich beim Kreisinspektorat Temesch des Innenministeriums einzufinden, man habe mit mir zu reden. Ich ging hin, war auf alles gefaßt, und wurde von Oberstleutnant Pădurariu in einem fensterlosen Raum empfangen. Ohne Umschweife machte er mir den Vorschlag, als Informant für die Securitate zu arbeiten. Ich lehnte entschieden ab. Es kam zu keinem erneuten Anheuerungsversuch.
Das nächste Dokument im Dossier ist auf den 3.12.1979 datiert. Die kurze Mittelung, getippte Abschrift, wurde Oberstleutnant Cristescu von Oberstleutnant Pădurariu vorgelegt und enthält in Zusammenfassung die Informationen der Quelle „Sanda".
Die Quelle berichtet, heißt es, *daß D Totok, R Wagner, Herta Müller, Hans Lippet, Balthazar Waitz (so die Schreibweise der Namen im Original) mehrmals, in der Regel gemeinsam mit der Lektorin aus der Bundesrepublik, Dagmar Lehmann[43], gesehen wurden. Aus den Informationen (relativ akzeptabel) geht hervor, daß Genannte einem intimen Kreis angehören, „literarischer" Natur.* (Anführungszeichen im Original) *Die Quelle,* heißt es abschließend, *fand noch keine Möglichkeit, Einzelheiten zu erfahren.* Die beigefügten Bemerkungen und Maßnahmen, getippt, stammen von Oberstleutnant Pădurariu.

---

43 DAAD- Gastlektorin an der Universität Temeswar.

Totok William und Wagner Richard, von uns aktiv bearbeitet, gehörten gemeinsam mit den anderen Genannten zu einem Literaturkreis mit feindseliger Einstellung.
Die Verbindungen zur westdeutschen Lektorin sind interessant und müssen verifiziert werden. Wir werden die Möglichkeit der Überprüfung der Information durch unsere Quelle „Luca" in Erwägung ziehen.
Für das Jahr 1980 befindet sich in meinem Dossier ein einziges Dokument, die von Oberstleutnant Pădurariu handschriftlich verfaßte Niederschrift der Mitteilung des Informanten „Mayer" vom 22.11. 1980.
Die Quelle berichtet folgendes: Am 23. Oktober laufenden Jahres fand eine Arbeitssitzung des Literaturkreises „Adam Müller-Guttenbrunn" statt, in der Lippet Johann eine Erzählung las, die William Totok gewidmet ist. Die Handlung der Erzählung spielt auf dem Land, es geht um den Besuch bei einem Freund (wahrscheinlich bei Totok). Richard Wagner äußerte sich dazu und meinte, daß die Erzählung ästhetischen Kriterien nicht standhält, weil sie nicht gut durchkomponiert ist.
Die weitere Meinung des Informanten interessierte den Führungsoffizier wohl nicht mehr, denn er setzt unter die Niederschrift Auslassungspunkte, darauf folgt seine Anmerkung: *Totok William und Richard Wagner werden von uns als Informativer Vorgang bearbeitet, Lippet ist eine ihrer Verbindungen.*
Am 14.02.1981 tritt Informant „Barbu" in meinem Dossier in Erscheinung, er berichtet unter der Signatur X-B/00[44] an Hauptmann Adamescu.
In Nummer 12 vom Dezember 1980 der Zeitschrift „Neue Literatur", die von den Mitgliedern des Literaturkreises „Adam Müller-Guttenbrunn" zusammengestellt wurde, befindet sich auf Seite 9 das folgende Gedicht von Johann Lippet.
Es folgt die Übersetzung meines Gedichtes „Versuch einer Diagnose", zu dem der Informant abschließend meint: *Meines Erachtens ist dies ein pessimistisches Gedicht, das die Aufstellung nicht hätte eröffnen dürfen (nach einer kurzen Studie von N Berwanger zur deutschen Literatur des Banats).*

---

44 Was X-B bedeutet, konnte ich nicht in Erfahrung bringen.

Die letzten drei Zeilen der Übersetzung sind unterstrichen, wahrscheinlich von Hauptmann Adamescu. Hier das Gedicht im Original.

Neue Literatur 12/1980

Versuch einer Diagnose

I.
die antworten werden immer unsicherer
heute hat es sich ausgeschneit
meine gefühle werden unbeständiger
und meine ungeduld hat zugenommen
ich warte morgens nicht mehr in den haltestellen
  auch meine gedichte
wachsen über ein paar zeilen nicht mehr hinaus

II.
die gespräche mit den freunden
sind immer schwieriger in gang zu setzen
zu viel nachdenken liegt in jedem satz
zum verzweifeln
braucht man weniger zeit als zur ahnung der freude
hier irgendwo
liegt unser schweigen begraben[45]

Für die nächsten zwölf Monate befindet sich kein Dokument in meinem Dossier, obwohl das Folgende als Vorstufe zur Eröffnung des Informativen Vorgangs gewertet werden muß.
24.03.1982, Gen. Erster Sekretär Petru Moț[46] hat die Überprüfung ge-

---

45 Das Gedicht erschien auch in meinem Gedichtband „so wars im mai so ist es", Kriterion Verlag, Bukarest 1984, und eröffnet in einer überarbeiteten Fassung meinen Gedichtband „Abschied, Laut und Wahrnehmung", Wunderhorn Verlag, Heidelberg 1994.
46 Erster Sekretär des Munizipalparteikomitees und Bürgermeister von Temeswar .

nehmigt. Anhand dieser Notiz, von einem Oberst, Name unleserlich, gezeichnet, können wir die folgende Mitteilung zeitlich einordnen, sie trägt keinen Briefkopf, gibt keine Auskunft zum Empfänger, ist nicht unterschrieben und liegt in zwei Exemplaren, getippt, im Dossier vor, auf dem Durchschlag fehlt die genannte Notiz. Die Mitteilung enthält die Aufzählung meiner persönlichen Daten, Beruf, Arbeitsplatz, Anschrift u.s.w., der zweite Absatz die Einschätzung meiner literarischen Tätigkeit: *schreibt Gedichte mit feindseligem Inhalt, tendenziös, die negativ interpretiert werden können, als feindselige Einstellung der Gesellschaft unseres Landes gegenüber.* Abschließend heißt es: *Wir bitten um die Genehmigung, Maßnahmen einleiten zu dürfen, um seine Tätigkeit zu überprüfen.*
Es dauerte daraufhin noch einen Monat, 23.04.1982, bis es zum Verfassen des Berichts über den Vorschlag zur Eröffnung des Informativen Vorgangs „Luca" kommt, der nach Genehmigung mit Wirkung vom 3.05.1982 in Kraft tritt.
Am 9.04.1982 tritt Informant „Dieter" auf den Plan, er wird in den nächsten Jahren unter der Kennziffer 27211 über mich berichten, seine letzte Mitteilung stammt vom 18.05.1985 und trägt die fortlaufende Nummer 73. Mit seiner ersten dokumentierten Mitteilung über mich an Leutnant Beletescu versetzt „Dieter" die Securitate in höchste Alarmbereitschaft.
Der Informant berichtet, daß ich Dramaturg am Deutschen Staatstheater Temeswar bin und Mitglied des Literaturkreises „Adam Müller-Guttenbrunn", meinen Dienstpflichten nachkomme, aber immer wieder Auseinandersetzungen mit der Theaterleitung habe. Da eine meiner Schwestern auswandern will, könnte dies dazu führen, daß ich früher oder später auch auswandern werde, meint der Informant. Er gibt Auskunft über meine familiäre Situation, verheiratet, zwei Kinder, Frau Lehrerin, weist darauf hin, daß ich zu allen Mitgliedern des Literaturkreises gute Beziehungen habe, mich Kommentaren enthalte, es in meinen Gesprächen mit Mitgliedern des Ensembles um Probleme zum Thema Theater geht.
Das wäre im Grunde die „klassische" Mitteilung eines Informanten: Angaben zur Person, Verhalten, gemachte Äußerungen usw. In diese Informationen eingebettet aber steht das, was die Securi-

tate eigentlich interessiert, diese Passage im Bericht ist in ihrer vollen Länge unterstrichen.
Zur Zeit arbeitet er an einem Prosaprojekt mit dem Titel „Der Totengräber". Die Arbeit bezieht sich auf die Bevölkerung eines deutschen Dorfes im Banat, das allmählich untergeht, der einzige Überlebende ist der Totengräber. Der entschließt sich, den Friedhof zu verschönern und nimmt zu diesem Zweck brieflichen Kontakt zu ehemaligen Bewohnern des Dorfes auf, die in die Bundesrepublik ausgewandert sind. Mit deren Spenden will der Totengräber im Dorf ein Hotel für Touristen errichten (mit Kegelbahn, Schwimmbad, Bibliothek usw.), aber auch für ehemalige betagte Bewohner des Dorfes, die aus Nostalgie in ihre Heimat zurückkehren. Die Hauptattraktion des Dorfes soll der Friedhof werden. Um aber auf dem Friedhof beerdigt zu werden, muß man aus dieser Gegend stammen. So kehren ehemalige Dorfbewohner, mehr oder weniger wohlhabend geworden, die ihr Ende nahen spüren, in Begleitung von Familienangehörigen ins Dorf zurück. Das wäre in Kurzfassung der Inhalt. Nach Fertigstellung will er mir die Erzählung zum Lesen geben.
Der Empfänger der Mitteilung, Leutnant Beletescu, vermerkt in einer Notiz: *Die Mitteilung wurde aus eigener Initiative gemacht. Zu den Aufgaben: Weiterhin über literarische Arbeiten informieren, nach Erhalt des Manuskripts es uns zwecks Lektüre ausleihen. Zudem über Gespräche berichten, welcher Natur die sind, ob Genannter auszuwandern gedenkt oder nicht.* Zu Maßnahmen heißt es: *Die Mitteilung wird in den Informativen Vorgang „Luca" implementiert.*
Wie in anderen Miteilungen, geben die Randnotizen des Vorgesetzten von Leutnant Beletesch, Oberstleutnant Pădurariu, Aufschluß zu anderen Maßnahmen, die angeordnet werden. Zur Aussage, daß ich zu den Mitgliedern des Literaturkreises gute Beziehungen habe, ist vermerkt: *Wer sind die engsten Vertrauten aus diesem Umfeld?* Und zur Erzählung „Der Totengräber" heißt es: *Das gesamte Material ist vorzulegen, Vorschläge und Maßnahmenplan bis 18.04.1982; technisch-operative Maßnahmen, einschließlich am Arbeitsplatz, sind zu ergreifen, in Erfahrung bringen, ob er Kontakte zu ausländischen Bürgern hat, die im Theater eintreffen, Termin 1.05.1982.*
Die Mitteilung wurde am 9.04.1982 verfaßt, dasselbe Datum ist für

den Empfang durch den Führungsoffizier vermerkt. Dessen Niederschriften, Eröffnung des Informativen Vorgangs „Luca", Maßnahmenplan, sind auf den 23.04.1982, beziehungsweise 24.04.1982 datiert. Wurde die Maßnahme zum Bericht des Informanten „Dieter", Implementierung in den Informativen Vorgang „Luca", zu einem späteren Zeitpunkt hinzugefügt, da dieser erst am 3.05.1982 eingeleitet wurde? Wie aber läßt sich dann erklären, daß die Erzählung „Der Totengräber" in der Eröffnung des Informativen Vorgangs keine Erwähnung findet, obwohl die Mitteilung von Informant „Dieter" zu diesem Zeitpunkt bereits vorlag? War es ein peinliches Versehen?

Spielt das aber überhaupt eine Rolle? Oder die Tatsache, daß in anderen Schriftstücken Namen der Mitglieder der „Aktionsgruppe", die man doch kennen müßte, falsch angegeben oder geschrieben sind? Über dergleichen mag man im nachhinein schmunzeln, diese Versehen und Patzer aber sollten nicht zur Annahme führen, die Securitate hätte oberflächlich gearbeitet, ihr Tun und Treiben sei harmlos gewesen, weil sie läppische Fehler machte.

War die Mitteilung des Informanten „Dieter" vom 9.04.1982 über meine Arbeit an der Erzählung „Der Totengräber" letztendlich der Auslöser für die Einleitung des Informativen Vorgangs „Luca"? Die Securitate jedenfalls war, wie bisher dokumentiert, über Veröffentlichungen und Lesungen bis dahin bestens unterrichtet und hatte mich in ihren zusammenfassenden Berichten als feindseliges Element eingestuft.

3. Apokalyptische Vision

Mit der Mitteilung, Handschrift, vom 23.06.1982 des Informanten „Max", Kennziffer 24375, bisher gelieferte Berichte 187, befinden wir uns bereits im Informativen Vorgang „Luca" und der beweist, mit welcher Beharrlichkeit die Securitate ihre Ziele verfolgte: Einschüchterung und Entlarvung des Zielobjekts, die Unterbindung der Veröffentlichung staatsfeindlicher literarischer Werke.
Der Informant berichtet Leutnant Beletescu: *Die Quelle informiert Sie hinsichtlich des Genannten Lippet Ioan über folgendes. Er ist im Theater als seltsames und eigentümliches Element bekannt. Was die Tätigkeit des Theaters betrifft, hat er stets eine andere Meinung als die Theaterleitung. Seit er allein ist, liegt die gesamte Arbeit in der Dramaturgie bei ihm.*[47] *Die Quelle weiß noch zu berichten, daß er Mitglied des Literaturkreises „Adam Müller-Guttenbrunn" ist, Prosa und Theaterstücke schreibt.* Abschließend heißt es: *Seine familiären Verhältnisse sind recht schwierig.*[48]
Leutnant Beletescu vermerkt: *Die Mitteilung erfolgte laut den erteilten Instruktionen. Zu den Aufgaben: Der Informant wurde instruiert, uns weiterhin über sein Verhalten in und außerhalb des Theaters zu informieren, über Kontakte im Theater, über Gespräche, die er führt, über den Inhalt seiner Arbeiten.* Die Mitteilung enthält eine Randno-

---

47 Mein Kollege aus der Dramaturgie war nach Erhalt eines Besucherpasses in der Bundesrepublik geblieben.
48 Diese Aussage bezieht sich wohl auf meine vergeblichen Versuche, in eine größere Wohnung umzuziehen. Von diesem Vorhaben wird auch in den Berichten anderer Informanten immer wieder die Rede sein. Die Information ist für die Securitate insofern wichtig, weil sie, wie aus den Maßnahmenplänen ersichtlich, noch vor meinem Umzug die Wohnung verwanzen will.

tiz von Oberstleutnant Pădurariu: *Die Installierung technisch- operativer Mittel ist zu beschleunigen.*

Das Schreiben, sechs Seiten getippt, mit Freistellen für die handschriftliche Eintragung der Namen[49], als drittes Exemplar ausgewiesen, trägt eine Registriernummer, das Datum 26.06.1982, den Briefkopf *Kreisinspektorat Temesch des Innenministeriums, Dienst I/A* und ist an das *Ministerium des Inneren Direktion I Bukarest* adressiert, *persönlich an Genossen Generalmajor Bordea Aron*. Obwohl eine Unterschrift fehlt, werden als Absender des Berichts genannt: Chef des Sicherheitsdienstes, Oberst Mortoiu Aurelian, und Chef des Dienstes I/A, Oberstleutnant Ianculescu Antonie.

Das Dokument bezieht sich in erster Linie auf Horst Samson und William Totok, darin finden aber auch Nikolaus Berwanger, Richard Wagner, Herta Müller und ich Erwähnung. Auf seinen Inhalt soll im folgenden näher eingegangen werden, weil es eines der schwerwiegenden Ereignisse in der Geschichte des Literaturkreises „Adam Müller-Guttenbrunn" dokumentiert, dessen Sprengung die Securitate verfolgte, und belegt, in welcher Gefahr sich die Autoren befanden.

Es wird eingangs festgehalten, daß dies ein Folgebericht derer vom 18.05.1982 und 28.05.1982 ist, *hinsichtlich des Genannten Totok William, als Informativer Vorgang bearbeitet, dessen Manuskript mit feindseligem Inhalt „ Ein Projekt zu einer intellektuellen Exterminierung" anhand konzertierter Maßnahmen am 14.05.1982 bei dessen Verbindungsperson Samson Horst*[50] *beschlagnahmt wurde.*

---

49 In den endgültigen Fassungen von Berichten sind die Namen handschriftlich in Großbuchstaben eingetragen, weil die Person, welche diese Berichte tippte, aus Gründen der Geheimhaltung die Namen nicht kennen durfte.

50 Mit Beginn des Jahres 1982 war es Berwanger durch einen Trick gelungen, Totok bei der NBZ anzustellen. Er arbeitete als Redakteur, war laut Organigramm aber Übersetzer, wofür die Genehmigung der Parteiorgane nicht nötig war. Da Totok noch keine Wohnung in Temeswar hatte, deponierte er u.a. auch eine Schachtel bei Samson, der nicht wußte, daß sich darin Manuskripte befanden. Das Manuskript mit genanntem Titel enthielt auch Aufzeichnungen Totoks über seine Haftzeit November 1975 – Juni 1976. Durch den Wink eines Informanten, der von diesen Aufzeichnungen wußte, fand bei Samson eine Hausdurchsuchung statt, bei der die Securitate so tat, als sei sie zufällig auch auf das Manuskript gestoßen. Diese Hausdurchsuchung ist ein Musterbeispiel dafür, wie die Securitate Gerüchte streute, denn im Bericht über die Einstellung des Informativen Vorgangs zu Horst Samson

Im Rahmen der anfänglichen Ermittlungen, fährt der Bericht fort, *behauptete Totok William, daß das Manuskript keiner Person zur Lektüre gegeben und nur in einem Exemplar redigiert worden wäre, daß es bei Samson Horst gemeinsam mit anderen Manuskripten in einer Kartonschachtel hinterlegt wurde, weil Genannter noch keine Wohnung in Temeswar hatte, daß er den Aufbewahrer aber nicht über den Inhalt der Schachtel unterrichtete.*
Aus der Vernehmung von Samson Horst ging hervor, heißt es weiter, *daß er die Manuskripte von Totok William, obwohl sie sich seit Februar laufenden Jahres in seiner Aufbewahrung befanden, nicht kannte und auch keine Kenntnis davon hat, ob sie von anderen Personen gelesen wurden.*
Es gibt laut unserer Informationen keine Beweise dafür, daß genanntes Material von anderen Personen gelesen wurde.
Im weiteren stellt der Bericht fest, daß Totok als feindseliges Element bekannt ist, und es werden zudem mehrere Aussagen von ihm zitiert, die er der Quelle „Voicu"[51] gegenüber machte. In bezug auf seine Tätigkeit bei der Zeitung heißt es, daß er nach seiner Anstellung in drei Ausgaben tendenziöse Aufstellungen veröffentlichte, mit Gedichten von ihm und seinen Verbindungsleuten, daß die Parteiorgane darüber informiert wurden, in letzter Zeit dergleichen Aufstellungen nicht mehr erschienen.
Anläßlich der Durchsuchungen am Wohnsitz von Totok William in Temeswar und in der Wohnung von Samson Horst, fährt der Bericht fort, *wurden auch mehrere Gedichte von Totok William gefunden, nach deren Überprüfung wurden 22 als tendenziös und interpretierbar an die Adresse unserer Gesellschaftsordnung eingestuft. Zehn dieser Gedichte werden mit übersetzten Titeln angeführt, einige herausgegriffenen Zeilen sollen den feindseligen Charakter dokumentieren, andere werden zum selben Zweck kommentiert.*

---

nach seiner Ausreise im März 1987, ein Dokument, das er mir wie vorliegendes zur Verfügung stellte, rühmen sich die Verfasser, daß es ihnen gelungen sei, den Verdacht auf Samson zu lenken. Dieser Bericht nach Bukarest beweist aber eindeutig, daß Samson den Inhalt der Schachtel nicht kannte, was er seinen Schriftstellerkollegen gegenüber auch immer versichert hatte.
51 Die Quelle „Voicu" muß für die Securitate eine bewährte und zuverlässige gewesen sein, und da sie in dem Bericht nach Bukarest ausdrücklich erwähnt wird, ist anzunehmen, daß von ihr die Information zum Manuskript von Totok stammte.

Zu Horst Samson heißt es, daß er *anhand überprüfter Informationen ein Autor feindseliger Schriften ist* und anläßlich der Hausdurchsuchung *Werke von ausländischen Dissidenten beschlagnahmt wurden.* U.a. werden Alexander Solschenizyn und der Liedermacher Wolf Biermann[52] genannt. *Desgleichen,* heißt es weiter, *wurden mehrere Gedichte von Horst Samson beschlagnahmt, von denen sich 14 als tendenziös, feindselig und interpretierbar an die Adresse des Staates und der sozial- wirtschaftlichen Lage Rumäniens erwiesen.* Neun der Gedichte werden ausführlich zitiert und kommentiert. Es wird darauf hingewiesen, daß Samson diese Gedichte im Literaturkreis las, drei davon in der NBZ erschienen, *er versuchte einige der Gedichte im Ausland zu veröffentlichen, was aber verhindert werden konnte. Ein Teil dieser Gedichte wurden in einen Band mit dem Titel „Reibfläche"*[53] (Titel im Original, in Klammer die Übersetzung) *aufgenommen, der im „Kriterion" Verlag Bukarest erscheinen soll, deshalb schlagen wir die Intervention der Direktion I aus Bukarest vor, um die Veröffentlichung zu verhindern.*
Wegen der Beschlagnahmung der feindseligen Manuskripte von Totok William und Samson Horst kam es zu Reaktionen einiger Personen, fährt der Bericht fort.
So teilte Berwanger Nicolae[54], heißt es, *Schriftsteller, Chefredakteur der deutschsprachigen Zeitung „Neue Banater Zeitung" aus Temeswar, einigen Schriftstellern sofort mit, unangemessene Schriften zu vernichten, zeigte sich bis zur Kenntnisnahme des feindseligen Mate-*

---

52 Im Literaturkreis war es üblich geworden, daß vor oder nach den Lesungen Originalaufnahmen von Autoren vorgestellt wurden, die Aufzeichnungen stammten in der Regel vom „Goethe"- Institut aus Bukarest. Anläßlich der Lesung vom 10.02.1982 sollten Lieder von Wolf Biermann gehört werden. In der Ankündigung der Lesung durch die Zeitung „Neuer Weg" aus Bukarest wurde der Namen des Liedermachers genannt, woraufhin das höchstwahrscheinlich nach einem Protest der Botschaft der DDR untersagt wurde, wir hörten eine Originalaufnahme von einer Lesung Paul Celans. Der angebliche Protest der DDR Botschaft wurde dann zum Anlaß genommen, um den Tonträger mit Biermann zu beschlagnahmen, wobei es offensichtlich um die Aufzeichnungen von Totok aus dessen Haftzeit ging, um Manuskripte von Samson und verbotene Bücher.
53 Der Band erschien mit diesem Titel 1982 im Kriterion Verlag.
54 Vornamen, die eine Entsprechung im Rumänischen hatten, tauchen in der Akte auch in dieser Variante auf, meiner beispielsweise als Ioan, zudem standen die Entsprechungen auf rumänisch in den meisten Fällen auch im Personalausweis.

rials über die von unseren Organen ergriffenen Maßnahmen sehr empört und drohte die oberste Parteiführung über die „Schikanen" (im Original in Anführungszeichen) *zu unterrichten, die man den jungen deutschsprachigen Schriftstellern bereitet.*[55]
Im nachhinein, fährt der Bericht fort, hatte Berwanger Nicolae ein Gruppengespräch mit Wagner Richard, Müller Herta, Samson Horst, Lippet Johann, enge Verbindungen des Totok William, alle von uns aktiv bearbeitet und für das Verfassen feindseliger und tendenziöser Schriften bekannt, bei dem er sagte, daß er für die „Rettung" (im Original in Anführungszeichen) *von Totok William mit einigen Schriftstellern sprechen wird, damit sie nichts zu ihm aussagen.*

Berwanger Nicolae, heißt es weiter, sagte über die Arbeit von Totok William, die er zur Kenntnis nahm, daß sie sehr feindselig ist, er dafür 10 Jahre Gefängnis kriegen könnte, wenn man ihm nachweisen würde, daß er sie verbreitet hat, meinte jedoch, daß er versuchen wird, den Fall bis vor die oberste Parteiführung zu bringen, sollten die Ermittlungen nicht eingestellt werden und fügte hinzu: „... Sie suchen jetzt Sündenböcke für die schwierige Lage, in die sie das Land gebracht haben. Jetzt wollen sie auch die Schriftsteller vernichten... Sie (die Securisten) *können nicht vergessen, daß ich damals die ‚Aktionsgruppe' rettete* (er bezieht sich auf die Untersuchungshaft von 1975 des Totok William und dessen Freilassung danach). *Sie brauchen wohl wieder einen Artikel in ‚Le Monde'*[56]*, sonst geben sie keine Ruhe.* (Zitate und die beiden Ergänzungen in Klammer im Original.)

---

[55] Die politischen Funktionen von Berwanger, Mitglied des Kreisparteikomitees, Stellvertretender Vorsitzender des Rates der Werktätigen deutscher Nationalität Rumäniens, verschweigt der Bericht nach Bukarest wahrscheinlich absichtlich, da die Securitate als eine der Partei untergeordnete Behörde galt. Das hinderte die Securitate aber im Einvernehmen mit den Parteiorganen nicht, zu Berwanger einen Informativen Vorgang zu eröffnen, wie nun Unterlagen bei CNSAS belegen.

[56] Noch vor seiner Inhaftierung im November 1975 verfaßte Totok einen Brief mit der Absicht, ihn im Westen zu veröffentlichen, schilderte darin die Ereignisse vom Herbst 1975 und die bedrohliche Situation, in der er sich befand. Während er in Untersuchungshaft saß, gelang es seiner Mutter den Brief, dem sie einen persönlichen beifügte, in den Westen zu schmuggeln. Auch Zeitungen aus der Bundesrepublik Deutschland bezogen zum Fall Totok Stellung, die Presseberichte aus dem Westen trugen im wesentlichen zu seiner Freilassung bei.

Totok William wurde daraufhin, fährt der Bericht fort, *erneut wegen des feindseligen Materials vernommen, aber auch diesmal konnte nicht festgestellt werden, daß andere Personen es gelesen haben, und uns liegen keine neuen Erkenntnisse in dieser Hinsicht vor.*
Zu den ergriffenen Maßnahmen: Totok erhielt eine Verwarnung seitens der Securitate und die Parteiorgane wurden unterrichtet, auch über die feindselige Tätigkeit Samsons wurden sie in Kenntnis gesetzt.
Nach Bukarest wird außerdem gemeldet, wie man in Zukunft vorzugehen gedenkt: *1. Die informativen Maßnahmen werden fortgesetzt, um die Reaktionen, die Tätigkeit und die Absichten von Totok William und Samson Horst zu kennen infolge der Maßnahmen, die von unseren Organen ergriffen wurden.*
2. Installierung spezieller Mittel in der Wohnung von Samson Horst sowie bei den wichtigsten Verbindungen der oben Genannten, einschließlich in der Wohnung des Totok William, die er in Temeswar zugeteilt bekommen soll.
3. Aktive Bearbeitung der suspekten Verbindungen, die Samson Horst und Totok William haben.
4. Unterbindung von Veröffentlichungen, deren Verbreitung oder Verbringung ins Ausland, jedweden Materials mit tendenziösem, interpretierbarem und feindseligem Inhalt, das von oben genannten Elementen oder anderen Personen verfaßt wurde.
Abschließend heißt es: *Die neuen Daten und Informationen sowie die zusätzlich ergriffenen Maßnahmen werden umgehend gemeldet.*
Ein „Bericht", getippt, mit Leerzeilen und Leerstellen für handschriftliche Eintragungen, ist auf den 3.09.1982 datiert. Er trägt den Briefkopf: Ministerium des Inneren, Departement für Staatssicherheit, die Nummer einer Militäreinheit und ist von einem Oberst, Name unleserlich, approbiert. Es geht um die *Genehmigung der Einsetzung technisch-operativer Mittel vom Typ I.D.M. zwecks Abhörung von Lippet Johann am Deutschen Theater Temeswar.* Die Überwachung ist für den Zeitraum 21.09.1982- 30.12.1982 festgesetzt. Es wird darauf hingewiesen, *daß in der Dramaturgie noch eine zweite Person anwesend ist.*[57]

---

57 Mein neuer Kollege in der Dramaturgie.

Zum Zweck der Abhörung: *Es interessieren die Gespräche des Zielobjekts, die er mit dem Kollegen und anderen Personen, die ihn am Arbeitsplatz besuchen, führt, es soll in Erfahrung gebracht werden, ob das Zielobjekt emigrieren will, was es über seine schriftstellerische Arbeit erzählt, über die Tätigkeit im Theater. Die Daten und Informationen sind an Genossen Leutnant Beletescu Ion weiterzuleiten, der in ständiger Verbindung mit der Einheit, Untereinheit „T", stehen wird.* Der Bericht ist von einem Oberstleutnant, Name unleserlich, unterzeichnet.

Die Mitteilung des Informanten „Dieter" vom 9.04.1982 über den Inhalt meiner Erzählung „Der Totengräber" bewirkte eine Intensivierung der Tätigkeit der Securitate meine Person betreffend. In Heft 7 und 8/1982 der Zeitschrift „Neue Literatur" erschien die Erzählung in fast voller Länge, auf insgesamt 32 Seiten.

An dieser Stelle scheint es mir angebracht, über mein Verhältnis als Autor zur Redaktion der Zeitschrift „Neue Literatur" zu berichten, namentlich zu Gerhardt Csejka, zuständig für Prosa. Ich schickte, wie immer, das Manuskript an die Redaktion, ein Briefverkehr war nicht üblich, keine Telefonate, auch aus Gründen, die man sich denken kann. Dann erschien ein Teilabdruck der Erzählung in Nummer 7/1982 mit dem Vermerk: *Fortsetzung folgt.*

Auf dem Umschlagdeckel der Nummer 8/1982 fehlte ich unter den wie üblich angeführten Autoren und Titeln, erst als ich die Zeitschrift aufschlug, sah ich im Inhaltsverzeichnis, daß die Fortsetzung abgedruckt war. Es war die Augustnummer der Zeitschrift, am 23. August beging Rumänien seinen Nationalfeiertag, da hatte eine Erzählung mit dem Titel „Der Totengräber" auf dem Cover nichts zu suchen. Man kann davon ausgehen, daß die gesamte Tätigkeit der Zeitschrift in einem Dossier dokumentiert ist, worin auch die Veröffentlichung meiner Erzählung Erwähnung findet, ich weiß lediglich, was sie bei der Securitate des Kreises Temesch auslöste, die ja durch Informant "Dieter" gewarnt worden war.

Informant „Voicu", Kennziffer ein X, die Anzahl der bis dahin gelieferten Berichte 144, macht am 30.09.1982 an Oberstleutnant Pădurariu Mitteilung, Handschrift, über die Veröffentlichung in den beiden Nummern der NL. *Die Quelle macht Ihnen Mitteilung,* heißt es im Eingangssatz, und der Informant bezeichnet die Erzählung als *eine Groteske mit apokalyptischem Finale.* Er referiert über den Inhalt und bezieht dann Stellung.

Für einen versierten Leser, der die Lage der deutschen Bevölkerung des Banats kennt, ist diese Erzählung ein Schock: für diese Menschen gibt es keine Perspektive. Die Vision ist eine apokalyptische: ein Dorf wird auf 7 Bewohner, 10 Häuser und einen Friedhof[58] reduziert, von einer Art Idioten verwaltet. Die Deutschen werden zu Ausstellungsstücken in einem Museum degradiert, das Ganze ist eine ungeheuerliche Synthese zur gegenwärtigen Realität.

An dieser Stelle, nach zwei Seiten, bricht er ab: *Voicu, Temeswar, 30.09.1982* steht am Ende der Mitteilung, sie wird allerdings durch eine Fußnote ergänzt. *Auf Seite 67, am Ende der Erzählung, taucht auf dem Friedhof der letzte deutsche Schriftsteller aus Rumänien auf, der seine Werke, im Selbstverlag herausgebracht, verkaufen will.*

In der Mitteilung vom nächsten Tag, dem 1.10.1982, heißt es: *Fortsetzung von Seite 2 der Mitteilung vom 30.09.1982 hinsichtlich der Prosa von Lippet „Der Totengräber".* Danach werden fünf kurze Textstellen übersetzt als Belege feindseliger Haltung und darauf hingewiesen, *daß die geäußerte Kritik nur im Kontext der gesamten Erzählung verstanden werden kann.* Zu den Textbeispielen liefert der Informant Kommentare, der letzte bezieht sich auf das Auftauchen des letzten deutschen Schriftstellers aus Rumänien: *Ein einziger Deutscher aus dem Dorf ist geblieben, ein halbverrückter Schriftsteller. Schlußfolgerung: Nur die dummen (der Totengräber) und die verrückten Deutschen (die Schriftsteller) sind im Land geblieben, die anderen sind ausgewandert.* (Klammer im Original)

Zu den Anmerkungen von Oberstleutnant Pădurariu: *Lippet Johann wird in einem Informativen Vorgang bearbeitet wegen Verfassen von Schriften mit tendenziösem und nationalistischem Inhalt; Vizejdia, in der Arbeit W. genannt, ist der Heimatort von Lippet Johann, der Name der Hauptperson, Johann Wiener, ist eine Kombination aus dem Namen von Lippet und dem Namen seines Geburtsortes Wiener[59] in Österreich; die Arbeit hat einen tendenziösen und irredentistischen[60] Charakter, ist ein Aufruf zur Emigration.*

---

58 Der Informant verwendet die regionale rumänische Bezeichnung țințirim für Friedhof.
59 Die Ortschaft, in der ich geboren wurde, heißt Wels.
60 Von Irredenta, politische Unabhängigkeitsbewegung des XIX. Jahrhunderts,

Zu den Maßnahmen: *Die Parteiorgane werden informiert, eine Kopie an Direktion I Bukarest, von den Quellen zu Lippet Informationen über Beziehungen zu Elementen wie Samson Horst, Wagner Richard, Totok William.*
Zwei Anweisungen stehen am Anfang und am Ende der Mitteilung. In der ersten, ohne Nennung des Rangs, Name unleserlich, heißt es: *Eine Analyse des Informativen Vorgangs zu Lippet, dann eine Mitteilung an die Parteiorgane, es soll versucht werden auch in den Besitz der Arbeit zu gelangen.* In der anderen Anweisung, Oberstleutnant, Name unleserlich, heißt es: *Legen Sie den Informativen Vorgang zur Analyse vor mit Vorschlägen zur Dokumentation.*
Am 6.10.1982 macht Informant „Barbu" Meldung, Handschrift, an Hauptmann Adamescu, als Kennziffer ist wieder X-B angegeben, die Anzahl der bisher gelieferten Mitteilungen diesmal jedoch mit 144 beziffert, in der vom 14.02.1981 steht 00.
Der Bericht, zwei eng beschriebene Seiten, wie der erste in schönster Schreibschrift, hat meinen Lebenslauf und meine literarische Tätigkeit, beginnend mit der Studienzeit, zum Gegenstand, der Informant weiß erstaunlich viel, sogar, wer meine Deutschlehrerin im Lyzeum war. Die Formulierungen, die verwendeten Begriffe, auch literaturtheoretische, lassen auf ein gehobenes Bildungsniveau schließen. Der Bericht strotzt vor Lob über meine Person und ist nur mit der Notiz versehen: *Wird im Operativen Vorgang „Luca" ausgewertet.*
Auf einen Hinweis des Informanten „Barbu" zu meiner Biographie sei im folgenden näher eingegangen. Darin heißt es: *Lippet ist Parteimitglied, wurde im letzten Studienjahr in die Partei aufgenommen, was zu einigen Diskussionen führte, da in der Regel Studenten kurz vor der Absolvierung nicht in die Partei aufgenommen wurden, deshalb wurde darüber spekuliert, ob seine Aufnahme nicht damit in Verbindung zu bringen ist, daß er als Assistent an der Hochschule bleiben sollte.*
In meinem letzten Studienjahr, 1973/1974, bat mich der damalige Lehrstuhlinhaber der Germanistik zu einem Gespräch und eröff-

---

die den Anschluß abgetrennter Gebiete an das Mutterland anstrebte. Dieser schwerwiegende Vorwurf wurde in der Regel gegen Ungarn aus Siebenbürgen erhoben, deren Ziel die Angliederung dieser Provinz an Ungarn sei.

nete mir, daß er dem Dekanat der Fakultät vorgeschlagen habe, mich als Assistent zu behalten, dazu aber müßte ich in die Partei eintreten. Ich sagte schließlich zu.

Zwei Wochen vor der Zuteilung der Absolventen durch eine zentrale Kommission erschien das Dekret 12/1974, das einiges neu regelte. Es sah unter anderem vor, daß alle Hochschulabsolventen ihre Stellen für drei Jahre antreten mußten, ein Arbeitsplatzwechsel war nur unter besonderen Bedingungen erlaubt. Bis dahin war es möglich, nach Ende des Studiums als Assistent an einer Hochschule zu bleiben oder, im Falle von Absolventen der Philologie, beispielsweise bei der Zeitung, beim Radio, beim Fernsehen angestellt zu werden.

Ich wurde Deutschlehrer in Temeswar, in meiner Zuteilungsurkunde war vermerkt: *Für das Hochschulwesen empfohlen*. Für drei Jahre war man, wie vor Erscheinen des Dekrets auch, Lehrer auf Probe, im Laufe des letzten Jahres der Probezeit erhielt man Unterrichtsbesuch von Seiten des Schulamtes, anschließend erfolgte eine Prüfung im Fach, in Pädagogik, Psychologie und Marxismus-Leninismus, einschließlich Parteidokumenten, durch Hochschullehrkräfte, nach bestandener Überprüfung und Prüfung war man dann definitiv Lehrer.

Als meine Probezeit Ende des Schuljahres 1977/1978 abgelaufen war, wollte ich nicht mehr im Schuldienst bleiben und Assistent an der Germanistik wollte ich auch nicht mehr werden, also machte ich von der Empfehlung in meiner Zuteilungsurkunde keinen Gebrauch, es wäre wahrscheinlich auch sinnlos gewesen, nach allem, was sich ereignet hatte.

Nikolaus Berwanger schlug mir vor, zur „Neuen Banater Zeitung" zu wechseln, ich sagte zu. Meine eventuelle Anstellung als Redakteur aber mußte noch von den Parteiorganen genehmigt werden. Kurz darauf erfuhr ich von meiner Mutter und meinen Schwiegereltern, daß sie Besuch erhalten hatten, der sich über die familiären Verhältnisse ein Bild machen wollte. Einige Zeit später teilte mir Berwanger mit, daß er meine Anstellung bei der Zeitung nicht hatte durchsetzen können.

Ich bewarb mich um die vakante Stelle des Dramaturgen am Deutschen Staatstheater Temeswar, bekam die Stelle, legte aber vor-

sichtshalber noch die letzte Prüfung für das Lehrwesen ab, um mir meine definitive Stelle im Schuldienst zu sichern, sollte man sich meine Anstellung am Theater doch noch überlegen.
Zurück ins Jahr 1982. Am 9.10.1982 tritt erneut Informant „Dieter" auf den Plan, der durch seine Mitteilung über die Erzählung „Der Totengräber" die Securitate in höchste Alarmbereitschaft versetzt hatte, und weist auf die Veröffentlichung in der NL hin, ohne weiteren Kommentar. Er informiert Leutnant Beletescu, daß ich ihn zu den Sitzungen des Literaturkreises eingeladen habe, er der Einladung aber noch nicht Folge leisten konnte, weil die letzten Sitzungen ausfielen, und erwähnt die Preise, die der Literaturkreis verleiht.[61]

Zu den Anmerkungen die Mitteilung des Informanten „Dieter" betreffend: *Sie wurde laut erteilten Instruktionen verfaßt,* heißt es diesmal, *dem Informanten wurde die Aufgabe erteilt, die Sitzungen des Literaturkreises zu besuchen und Bericht zu erstatten, den Organen die Nummern der NL[62] ausleihen,* in der meine Erzählung veröffentlicht wurde.

Die erste Analyse des Operativen Vorgangs „Luca", zwei Seiten Handschrift, findet am 12.10.1982 statt, fünf Monate nach dessen Eröffnung. Darin wird festgestellt, daß ich weiterhin im Literaturkreis lese und literarische Arbeiten publiziere, auf die Veröffentlichung der Erzählung „Der Totengräber" wird hingewiesen, *in der er zur Emigration aufruft.*

---

61 Der Preis wurde durch Beiträge finanziert, einmalig im offiziellen Literaturbetrieb, die Beitragszahler waren damit Mitglieder, so sah es die Satzung vor, die der Literaturkreis sich gegeben hatte, an den Lesungen aber konnten auch Nichtmitglieder teilnehmen. Am Ende der Saison wählten die Mitglieder, 1983 waren es 100 Personen, in geheimer Abstimmung die Preisträger aus den Autoren, die in der laufenden Saison gelesen hatten. Bei der Preisverleihung, mit einem Fest verbunden, wurde neben dem Geldbetrag eine Urkunde verliehen, auf der die Stifter des Preises namentlich aufgeführt waren, Laudatoren würdigten den Preisträger, der hielt eine Dankesrede. Der Preis wurde zum ersten Mal 1980 verliehen, für Prosa und Lyrik, in den nächsten Jahren kam ein Nachwuchspreis hinzu.
62 Richard Wagner teilte mir mit, daß sich in seinen Unterlagen die Abrechnung für ein Abonnement der NL aus früheren Jahren befindet. 1982 hatte die Securitate wahrscheinlich keine Mittel mehr, die Zeitschrift zu abonnieren oder zu kaufen. Auch andere verordnete Sparmaßnahmen galten selbst für die Securitate, so beispielsweise das Einsparen von Papier, deshalb wurden bei handschriftlichen Berichten die Vorder- und Rückseiten der Blätter beschrieben.

Die folgenden Maßnahmen werden vorgeschlagen:
1. Die Übersetzung der Erzählung „Der Totengräber", erschienen in der Zeitschrift „Neue Literatur", danach wird der Inhalt analysiert und anhand der gewonnenen Erkenntnisse werden die Parteiorgane informiert.
2. Informant „Dieter" bleibt weiterhin auf das Zielobjekt angesetzt, um uns über sein Verhalten im Theater zu informieren und außerhalb des Theaters, da der Informant zu den Lesungen des Literaturkreises eingeladen wurde. Er soll berichten, woran das Zielobjekt arbeitet, wo es veröffentlicht, und über andere Aspekte seiner literarischen Tätigkeit.
3. Am Arbeitsplatz wird weiterhin der Informant „Max" eingesetzt, der uns darüber berichten soll, wie das Zielobjekt seiner Arbeit im Theater nachkommt, welche Gespräche es führt und mit wem, ob es von Ausländern Besuch erhält, desgleichen soll er über andere Aspekte informieren, die für unsere Organe von Interesse sein könnten.
4. Am Arbeitsplatz und in der Wohnung wird weiterhin die Möglichkeit der Installierung technisch-operativer Mittel studiert.
5. Alle Verbindungen im In- und Ausland sind zu erkunden, welcher Natur die sind, durch Quellen, die uns zur Verfügung stehen.
6. Es wird weiterhin das Ziel verfolgt, in den Besitz von schriftlichen Dokumenten zu gelangen, um die Tätigkeit des Zielobjekts zu dokumentieren.

Mit der telefonischen Überwachung scheint es nicht zu klappen, denn es wird auf das Studium der Möglichkeit zu deren Installierung am Arbeitsplatz und in der Wohnung hingewiesen, obwohl man sich die Installierung am Arbeitsplatz schon für September vorgenommen hatte. In einer Anordnung hierzu heißt es: *Bis zum 15.12.1983 ist die Einführung technisch-operativer Mittel am Arbeitsplatz zu gewährleisten.* In der Anordnung sollte es wohl heißen: Bis zum 15.12. 1982.

In seinem Bericht vom 6.11.1982 teilt Informant „Dieter" Leutnant Beletescu mit, daß ich die Absicht hatte, in eine andere Wohnung zu ziehen, die Adresse wird angegeben. *In Appartement 19 wohnen zwei Rentnerinnen aus dem Ensemble der Oper, die ihren Umzug an eine Bedingung knüpften: die neue Wohnung sollte ebenfalls im Zentrum liegen. Da dies aber nicht möglich war, fand der Wohnungs-*

tausch nicht statt. Der Informant teilt weiter mit, daß ich zur Zeit sehr beschäftigt bin, fürs Schreiben keine Zeit habe. Die Aufgaben, die er erhält, kennen wir bereits, und der Wortlaut ist der gleiche. Am 4.11.1982 hält Oberstleutnant Pădurariu schriftlich fest, was ihm Informant „Mayer" mitteilte, es geht wieder mal um eine Lesung im Literaturkreis. Dazu erfährt man, daß ich 23 Gedichte las, *pessimistisch, ohne Vertrauen in die Gegenwart und Zukunft, woraus zu schließen ist, daß der Autor mit der wirtschaftlichen und sozialen Situation Rumäniens unzufrieden ist. In einem der Gedichte behauptet Lippet übrigens, daß nicht die Zukunft, sondern bloß der Tod sicher ist. Von Seiten des lokalen deutschen Rundfunksenders war ein Redakteur zugegen,* der Name wird genannt, *der die Lesung und die darauffolgenden Diskussionen aufzeichnete.* Es wird darauf hingewiesen, daß ich vor der Lesung Kopien der Gedichte verteilte, diese aber nach der Lesung wieder einsammelte.[63] *Drei der 23 Gedichte,* heißt es weiter, *erschienen schon am nächsten Tag in der „Neue Banater Zeitung", vom Inhalt her sind sie nicht so pessimistisch wie die, welche gelesen wurden.*[64]

Dazu die Anmerkungen: *Der Informative Vorgang zu Lippet wird von Leutnant Beletescu geleitet; es sind die Möglichkeiten zu erkunden, wie man in den Besitz der Gedichte gelangt, um sich über deren Inhalt zu informieren; sollten sich die Annahmen bestätigen, werden die Parteiorgane verständigt, ihnen das Material vorgelegt, gemeinsam mit dem, das wir bereits haben.* In der letzten Anmerkung heißt es: *Die Installierung von speziellen Mitteln beim Sitz des Literaturkreises ist zu beschleunigen, da hier fast immer Gedichte und andere Arbeiten mit tendenziösem Charakter gelesen werden.*

---

63 Das Verbreiten von Schriften wurde als Straftat eingestuft, dazu gehörte auch, sie jemandem zum Lesen zu geben. Diesen Beweis zu erbringen, war ein Hauptanliegen der Securitate. Deshalb ist neben anderen Passagen aus dem Bericht auch dieser Hinweis vom Führungsoffizier unterstrichen. Vor der Verbreitung von Flugblättern hatte die Staatsmacht die größte Angst. Deshalb mußten Besitzer ihre Schreibmaschinen registrieren lassen und regelmäßig Schriftproben abliefern. Hierzu wurde man zur Securitate einbestellt, der Text, der zu tippen war, ergab stellenweise keinen Sinn, enthielt aber Begriffe und Formulierungen, die in einem Flugblatt hätten vorkommen können. Anhand dieser Schriftproben wollte man die Verfasser von eventuellen Flugblättern identifizieren.

64 Da ich kein Exemplar dieser Ausgabe besitze, weiß ich nicht, um welche Gedichte es sich handelt, der Informant macht keine Angaben zu den Titeln.

Am 27.11.1982 macht Informant "Voicu" Mitteilung an Oberstleutnant Pădurariu über die am 24.11.1982 in der NBZ erschienene Literaturbeilage "Wortmeldungen 82", die Kennziffer des Informanten ist wieder nicht vermerkt, bloß die Anzahl der bis dahin gelieferten Berichte, 158. Die Mitteilung, eine handschriftliche Kopie, hat fünf Gedichte von mir zum Gegenstand, die der Informant ganz oder teilweise übersetzt und die er generell als *düster und ohne Lebensperspektive* einstuft.

Neue Banater Zeitung – Wortmeldungen ´82 (24.11.1982)

durch den alltag gehen:
durch den morgen gehen
durch den tag gehen
durch den abend
sich durch die nacht träumen.

zugluft geht durchs haus.[65]

Zum diesem Gedicht heißt es: *Der Mensch kann sich ganz einfach die Frage stellen, warum man eigentlich noch lebt, warum man eigentlich noch hier lebt.*

im zimmer sitzend. auf den frühling wartend

frühling soll es draußen sein.
wer glaubt noch, was man sagt.
die nachricht vom specht
dringt nicht bis ins zimmer,
das gras höre ich nicht wachsen,
an der mauer blüht ein gemaltes veilchen.
meine vier wände verzahnen sich
wie der schädelknochen,
wenn ich den satz denke:

---

65 Das Gedicht erschien auch in meinem Band "so war's im mai so ist es", Kriterion Verlag, Bukarest 1984.

> *ich bin hier.*
> *bin ich hier?*
> *hier bin ich!*
> *und ich weiß nicht mehr,*
> *habe ich ausgesagt*
> *oder*
> *gefragt*
> *oder*
> *gerufen.*[66]

Dieses Gedicht, meint der Informant, *ist das mit den raffiniertesten Anspielungen überhaupt, das auf dieser Literaturseite veröffentlicht wurde. Der Dichter erwartet den Frühling (vielleicht eine Anspielung auf den Prager Frühling). Offiziell ist der Frühling gekommen. Aber: „wer glaubt noch, was man sagt." Das Mißtrauen ist total, so daß nicht einmal mehr die Nachricht des Spechts bis zum Dichter dringt (der Präsident könnte damit gemeint sein, die Dekrete usw.). Alles ist nur noch Einbildung, auch der Frühling. Dann denkt der Dichter den Satz: „ich bin hier.", weiß aber nicht genau, ob es bloß eine Aussage vor einem Organ (der Securitate) ist oder eine einfache Frage, oder ein Schrei ins Chaos, ohne Zweck und Sinn.*

Lippet, *heißt es weiter*, *stellt sich in seinen Gedichten immer öfter die Frage, ob es noch Sinn macht, hier zu leben. Die Quelle würde sich wundern, wenn er nicht bald auch einen Antrag zur Emigration stellt. Vom ideologischen Standpunkt aus gesehen, ist er schon längst an diesem Punkt angelangt. Vielleicht halten ihn davor bloß noch andere Probleme ab, beispielsweise Geldmangel.*

Das folgende Gedicht liegt nicht in einer durchgehenden Übersetzung vor, der Informant zitiert es aber fast vollständig, indem er anhand übersetzter Zeilen eine Inhaltsangabe macht und stellt abschließend fest: *Kein Lichtschimmer, keine Perspektive.*

montag. am morgen

auch diese woche beginnt mit einem gähnen,
mit demselben gefühl, dem weiß-nicht-wie-mir-ist.

---

66   Das Gedicht steht in einer veränderten Fassung ebenfalls in dem Band von 1984.

in der küche wärme ich die milch für die kinder.
wenn hier einer rein will,
muß der andere raus, aus der enge.
heute morgen gibt's den letzten kaffee.
ins zimmer zurückgekehrt legen wir die kinder
an ihre milchflaschen:
meine frau den jungen,
ich das mädchen.
wie müde sie aussieht, wie müde du aussiehst!
du kleidest den jungen an für den kindergarten
die kinder dürfen noch ein wenig spielen danach.
das spielen am morgen ist das schönste.
wir, du und ich, sitzen in der küche und trinken kaffee,
den letzten für wer weiß wie lange.
es läßt sich schwer reden am morgen.
ich streichle dir übers haar, bevor ich weggehe.
gemerkt habe ich mir alles,
alles was für heute noch zu besorgen ist.
auf dem weg in den kindergarten
sieht mein sohn die vorbeifahrenden autos.
ich sehe die hausfrauen mit ihren gesichtern
wie verbeulte kochtöpfe.[67]

Die beiden folgenden Gedichte sind ebenfalls nicht vollständig übersetzt, der Informant zitiert bloß daraus, den Zitaten ist eine Bemerkung vorangestellt: *Diese Gedichte müssen nicht näher kommentiert werden.*

wasser tropft aus dem wasserhahn

wasser tropft aus dem wasserhahn
klick
    klack
       kluck
          klock

---

[67] Das Gedicht erschien auch in meinem Gedichtband von 1984.

kleck
kl
die tage die ins land gehen
ähneln sich wie zwillinge aus demselben ei
trauer tragen meine mitbürger im gesicht
auf den straßen
und zu hause
der reden sinn löst sich auf
bis in die vokale
ich spüre den stein wachsen
über meinem kopf[68]

gedicht mit vergleichen beim spaziergang

die grillen zirpen so eintönig,
als ginge es um ihr leben.
du bist:
wie die kröte unter dem stein,
wie die eule im kirchturm,
wie das küken im ei,
wie die libelle über der pfütze,
wie der hund an der kette.

gebeugt unter der last der zukunft,
denke ich mir vergleiche aus
und spüre, wie das land mir wegläuft unter den füßen.[69]

Am Schluß seiner Mitteilung zu den Aussagen meiner Gedichte berichtet der Informant über die Reaktion seiner Frau, welche die Gedichte las, und zitiert sie: *Da bin ich aber gespannt, wann Lippet jetzt seine Demission einreicht. Es ist doch augenscheinlich, daß er*

---

68 Das Gedicht erschien nur in der NBZ.
69 Das Gedicht erschien auch in meinem Band von 1984. Lektor des Bandes war der Lyriker Rolf Bossert (1952-1986), ihm ist es zu verdanken, daß der Großteil der Gedichte aus dem ursprünglichen Manuskript von „so war's im mai so ist es" erschien. Ein verlagsinternes Dokument belegt, es hat nichts mit meiner Securitate Akte zu tun, daß 20 von den ursprünglich 62 Gedichten des Bandes als „unzumutbar" eingestuft worden waren, Rolf Bossert setzte dennoch 58 durch.

mit nichts in diesem Land mehr einverstanden ist, noch einer dieser Revolutionäre à la Don Quijote.
Am 17.12.1982 kommt die Securitate endlich in den Besitz von Übersetzungen aus der Erzählung „Der Totengräber". Auch wenn man die gängigen Verzögerungen beim Erscheinen der Zeitschriften in Rumänien berücksichtigt, nimmt es doch Wunder, daß die Übersetzung von Fragmenten aus der Erzählung, die seit Monaten im Visier der Securitate steht, erst im Dezember vorliegt. Oder hatte man sich inzwischen auch durch andere Kanäle kundig gemacht?
Jedenfalls übergibt Informant „Karina", Kennziffer 27081, bis dahin 25 gelieferte Berichte, Leutnant Beletescu acht Seiten, fortlaufend getippt, in die Übersetzung sind auch kurze inhaltliche Zusammenfassungen eingefügt, ohne Kennzeichnung, aber keine Kommentare. Die nächste Übersetzung aus der Erzählung, ohne Briefkopf, keine Signatur, ebenfalls ohne Kommentar, umfaßt sieben Seiten, Handschrift, es sind Auszüge, die jeweilige Nummer der Zeitschrift NL ist angeführt, Seite, Absatz, Zeile. Durch einen Schriftvergleich mit anderen Übersetzungen, auf denen der Deckname des Informanten verzeichnet ist, können diese sieben Seiten eindeutig „Karina" zugeordnet werden. Keine der Übersetzungen aus „Der Totengräber" ist von Seiten der Securitate mit Bemerkungen versehen, bloß die getippte enthält unterstrichene Zeilen und ist mit der handschriftlichen inhaltlich nicht identisch.
In seinen Anmerkungen zur Mitteilung des Informanten „Mayer" vom 4.11.1982 über meine Lesung im Literaturkreis setzte Oberstleutnant Pădurariu sich ein Ziel: das Abhören der Lesungen. Zwei Seiten, getippt, umfaßt der Bericht zu *Vorschläge über die Einführung von Spezialmitteln im Saal des Literaturkreises in deutscher Sprache „Adam Müller-Guttenbrunn" aus Temeswar.* Der Bericht mit Briefkopf, Kreisinspektorat Temesch des Innenministeriums, Dienststelle I/A, wurde in zwei Exemplaren gefertigt, das mir vorliegende ist das erste und von einem Oberst, Name unleserlich, am 1.12.1982 als genehmigt gezeichnet.
Aus den uns vorliegenden Informationen, beginnt der Bericht, *geht hervor, daß einige Elemente aus der Leitung des deutschsprachigen Literaturkreises „Adam Müller-Guttenbrunn", die unter unserer Beob-*

achtung stehen wie Wagner Richard, Totok William, Lippet Johann, Samson Horst[70] (Namen handschriftlich eingetragen), alle als Informativer Vorgang bearbeitet, wissentlich akzeptieren, daß im Literaturkreis Arbeiten mit tendenziösem Inhalt an die Adresse unserer sozialistischen Gesellschaftsordnung gelesen werden, sie selbst lesen solche Arbeiten, als auch solche, welche die gegenwärtige und zukünftige Lage der deutschen Bevölkerung in der Sozialistischen Republik Rumänien unangemessen darstellen. Zum Zweck der Überprüfung und Konkretisierung unserer Informationen, des Kennenlernens der Haltung oben genannter Elemente und auch anderer uns bekannten, die ebenfalls Werke mit tendenziösem Inhalt verfassen und unter Beobachtung stehen, ist es notwendig Spezialmittel vom Typ I.D.M. in dem Saal zu installieren, in dem der Literaturkreis seine Sitzungen hält.

Es wird darauf hingewiesen, daß in der gleichen Räumlichkeit auch die Sitzungen des ungarischen Literaturkreises stattfinden, sich auch ungarische Schriftsteller wegen Verfassens feindseliger Arbeiten unter Beobachtung befinden.

Zwecks Einführung der speziellen Abhörmittel wird folgender Plan vorgeschlagen, heißt es weiter und Oberst Pădurariu entwickelt die strategisch-taktische Vorgehensweise.

Außerdem wird festgehalten, daß sich in dem Gebäude auf dem Vasile-Roaită-Platz der Sitz mehrerer Institutionen befindet, Schriftstellervereinigung Temeswar des Rumänischen Schriftstellerverbandes, Kreiskomitee für Kultur und Sozialistische Erziehung, A.R.L.U.S[71], Vereinigung der Bildenden Künstler, und daß ab 21 Uhr in der Regel hier niemand mehr arbeitet. Zum nächsten Punkt im Plan heißt es: *In einem Büro, das an den Saal des Literaturkreises grenzt, sind bereits technisch-operative Mittel installiert, die aber bis zur Klärung des Falls „Orfeus" abgeschaltet wurden.*

In dieser Situation, fährt der Bericht fort, *müssen nur noch Arbeiten*

---

70 Richard Wagner, der in der Saison 1981/1982 den Literaturkreis leitete, trat nach den Ereignissen im Juni 1982 den Vorsitz wieder an Nikolaus Berwanger ab. Zum Vorstand gehörten noch Samson, als Sekretär, Totok, als Kassierer, und ich.
71 A. R. L. U. S.: Rumänische Vereinigung zur Stärkung der Beziehungen mit der Sowjetunion, in den fünfziger Jahren gegründet. Die Bezeichnung ARLUS-Saal, für eine der Räumlichkeiten in dem Gebäude, war wohl noch üblich, die Vereinigung aber gab es schon längst nicht mehr.

zur Verlängerung der bereits existierenden Leitung bis in den Saal des Literaturkreises durchgeführt und die Mittel vom Typ I. D. M. installiert werden. Zur Durchführung der Installierung wird wie folgt vorgegangen:
- *Die Arbeit wird nachts nach 22 Uhr durchgeführt*
- *Rechtzeitig werden legendär72 und konspirativ die Abdrücke zu den Schlüsseln zum Eingang ins Gebäude verschafft und zu dem Raum, in dem die Mittel installiert werden, einschließlich zu den Büros nebenan*
  Verantwortlich: Oberstleutnant Pădurariu N.
  Oberstleutnant Indrei Ion

- *Vor Eindringen in das Gebäude muß sicher gestellt sein, daß sich in den Büros keine anderen Personen befinden, dies wird durch Telefonanrufe, direkte Beobachtung und persönliche Kontrollen gewährleistet.*
  Verantwortlich: Oberstleutnant: Pădurariu N.
  Oberstleutnant Indrei Ion

- *Zu der Eingreifgruppe zwecks Installierung gehören:*
- *zwei Mitarbeiter des technisch-operativen Dienstes*
- *Oberstleutnant Pădurariu N.*
- *Oberstleutnant Indrei Ioan wird dafür sorgen, daß während der Durchführung der Arbeiten keine fremden Personen das Gebäude betreten*
- *In der Nähe des Gebäudes wird eine Eingreiftruppe bereit stehen, gebildet aus: Hauptmann Adamescu Ioan, Hauptmann Ungureanu Ioan, Leutnant Teană Emil (Der Name Beletescu Ion, ursprünglich vorgesehen, ist durchgestrichen und handschriftlich durch den Namen des anderen Leutnants ersetzt)*
- *Die Verbindung zwischen den Mitarbeitern und den Offizieren, die an der Arbeit teilnehmen, wird durch „STORN" Apparate gewährleistet*

---

72 Legendär heißt in der Sprache der Securitate, daß zum Zweck der Geheimhaltung nach einem glaubhaften Szenarium vorgegangen wird, der Begriff Legende bezog sich auch auf einen Informanten, der unter einem glaubhaften Vorwand sich das Vertrauen des Bespitzelten erschlich.

Die Koordinierung der Arbeiten und die Maßnahmen für eine erfolgreiche Durchführung wird durch Oberstleutnant Ianculescu Antonie gewährleistet.
Gezeichnet ist der Bericht von Spezialoffizier I, Oberstleutnant Pădurariu Nicolae und vom Chef der Dienstelle I/A, Ianculescu Antonie, der den Bericht genehmigt.
Laut Plan installiert am Abend des 28/29 Dezember 1982, heißt es in einer handschriftlichen Notiz von Oberstleutnant Pădurariu.
Mit dem Abhören der Lesungen des Literaturkreises hatte sich die Securitate eine wichtige Informationsquelle gesichert. Daß sie ein gut organisiertes Netz an Informanten besaß, wußte man, daß sie über technische Mittel verfügte, wurde gemutmaßt, man verwarf aber die Befürchtung, da niemand so recht daran glaubte, daß sie in größerem Umfang eingesetzt werden könnten.
Daß mein Telefon abgehört werden könnte, war eine Mutmaßung, die ich mit meinen Schriftstellerkollegen teilte. Noch im Vorfeld der Stellung unserer Anträge zur Einsicht in unsere Akten meinte einer, es sei höchst unwahrscheinlich, daß ich abgehört wurde: Woher die technischen Mittel?
Die Securitate besaß sie, doch das Ausmaß der Überwachung hätte ich mir nicht vorstellen können und den Aufwand, den sie betrieb, da die Telefongespräche ins Rumänische übersetzt werden mußten. Die Abhörprotokolle belegen zudem, daß die Annahme, abgehört zu werden, immer gegenwärtig war, denn ich sprach mit meinen Schriftstellerkollegen in codierten Sätzen. Und wenn in der Leitung ein Knacken oder Geräusch zu hören war, wurde die Befürchtung geäußert, daß die Aufpasser mal wieder mithören, auch diese Aussagen sind in den Abhörprotokollen vermerkt. Am meisten aber war ich darüber verwundert, daß die Securitate schon 1975 Kopiergeräte besaß, wie es die Kopien der Briefe in meinen Unterlagen bestätigen.
Doch zurück zu den Mitteilungen der Informanten, auch weiterhin die wichtigste Quelle für die Securitate. Informant „Max" scheint für mein Verhalten zuständig zu sein, berichtet am 17.03.1983 Leutnant Beletescu: *schwieriger Kollege, der nur mit zwei Schauspielern*, er nennt deren Namen, *Gespräche führt, zurückhaltend den anderen Kollegen gegenüber, wähnt sich, bloß weil er Mitglied*

des Literaturkreises ist, anderen überlegen. Der Informant berichtet von einer Zusammenarbeit mit der Theatergruppe der Germanistik, daß mich Helmuth Frauendorfer, der Leiter der Gruppe, in der Dramaturgie besuchte. Mein Verhalten der Theaterleitung gegenüber nennt der Informant *schlechtes Benehmen.*[73]

Leutnant Beletescu erteilt dem Informanten die bekannten Aufgaben: weitere Informationen sammeln und berichten. In einer Notiz von Oberstleutnant Pădurariu heißt es: *Hauptmann Adamescu soll konkreter in Erfahrung bringen, welches Stück die Studenten aufführen wollen, dessen Inhalt.*

Wie im Fall des Informanten „Mayer" notiert Oberstleutnant Pădurariu die Mitteilungen des Informanten „Luca" vom 5.04.1983, darin heißt es eingangs: *Die Quelle „Luca" informierte, daß Genannter Horst Samson im Februar laufenden Jahres das Kulturinstitut der Bundesrepublik Deutschland in Bukarest besuchte und dort erfuhr, daß Lippet Ioan eine Einladung in die Bundesrepublik erhalten wird. Das Deutsche Theater jedoch erhielt eine Einladung für einen Schauspieler zum „Seminar für junge Darsteller", das 4.-19. Mai 1983 in der Bundesrepublik stattfindet.* (Der Name der Schauspielerin wird genannt.) *Samson hingegen behauptet, daß die Einladung Lippet Ioan galt, wie er im Kulturinstitut aus Bukarest erfuhr. Bei diesem Gespräch war auch Lippet Ion zugegen.*

Die Leitung des Theaters erklärte Horst Samson, daß die Einladung für „junge Schauspieler" vorgesehen ist, und weil Lippet kein Schauspieler ist, konnte sie nicht für ihn gedacht gewesen sein, es handelte sich wahrscheinlich um eine andere Einladung für Lippet.

Dazu notiert Oberstleutnant Pădurariu: *Lippet wird als Informativer Vorgang bearbeitet, Horst Samson ist als Verfasser feindseliger Schriften bekannt, befindet sich unter Beobachtung von Direktion III*[74]*,wohin Bericht erstattet wird. Samson Horst war tatsächlich im Februar in Bukarest wegen Prüfungen an der Akademie „Stefan Gheorghiu".*[75] *Im Rahmen des Operativen Vorgangs zu Lippet muß herausgefunden werden, ob er Beziehungen zum Kulturinstitut der Bundesrepublik hat oder in deren Aufmerksamkeit steht.*

---

73 „rea purtare" heißt es im Original.
74 für Auslandsspionage zuständig.
75 zweites Studium, Journalismus, im Fernkurs.

Am 27.05.1983 hält Leutnant Beletescu schriftlich fest, was er von Informant „Dieter" erfuhr: *Genannter Lippet Johann führt in letzter Zeit Gespräche zum Repertoire, dabei kommt es mit dem Direktor des Theaters oft zu heftigen Diskussionen. Die Quelle ist außerdem darüber informiert, daß Genannter in eine neue Wohnung umziehen will und die nötigen Schritte unternommen hat, um in den Schriftstellerverband aufgenommen zu werden.*
Der Informant soll in Erfahrung bringen, ob ich einen Antrag für einen Besucherpaß gestellt habe,[76] die anderen ihm erteilten Aufgaben bleiben dieselben.
Am 3.06.1983 meldet sich Informant „Dieter" wieder zu Wort. Er berichtet Leutnant Beletescu, daß ich in eine neue Wohnung umziehen will, er nennt Anschrift und Name der Person, eine Angestellte des Theaters, die auswandert. Weiterhin berichtet der Informant über die Lesung eines Autors aus der Bundesrepublik Deutschland, sein Resümee: mittelmäßiger Autor, hinterließ einen schlechten Eindruck, arrogantes Verhalten den Anwesenden gegenüber.[77] Und er fährt fort: *Lippet bereitet aus bisher Veröffentlichtem einen Band vor, sein zweites Buch, nur mit zwei Buchveröffentlichungen kann man in den Schriftstellerverband aufgenommen werden.* Leutnant Beletescu erteilt ihm die Aufgabe, etwas über den Inhalt des Buches zu erfahren.
Die erste Anordnung von Oberstleutnant Pădurariu zu den erteilten Aufgaben kommt einem Wutausbruch gleich: *Keine formellen und oberflächlichen Maßnahmen, das Material bezieht sich auf ein Element, welches als Informativer Vorgang bearbeitet wird.* Die zweite Anordnung lautet: *Prüfung der Möglichkeiten, in der neuen Wohnung technisch- operative Mittel zu installieren.*
Die zweite Analyse des Operativen Vorgangs „Luca" seit der Einleitung im Mai 1982 erfolgt am 21.06.1983, faßt die über die Informanten gesammelten Erkenntnisse zusammen, und es wird, wie

---

76   Bezieht sich auf jene Einladung in die Bundesrepublik über das Goethe- Institut aus Bukarest, obwohl man diese Information doch über den Amtsweg hätte erhalten können. Ob tatsächlich eine Einladung vorlag, habe ich nie erfahren.
77   Es handelt sich um die Lesung von Friedrich Christian Delius, der auf Einladung des „Goethe"- Instituts Rumänien besuchte.

üblich, ein Maßnahmenplan aufgestellt, der aus sechs Punkten besteht, mit Terminen, verantwortlich Leutnant Beletescu.

Es geht im wesentlichen um die Veröffentlichung meines zweiten Buches, über dessen Inhalt die Informanten „Dieter" und „Max" etwas herausfinden sollen, denen auch weiterhin die Aufgabe obliegt, über mein Verhalten und meine Beziehungen zu anderen Personen zu berichten.

Zur Vervollständigung der Vorwürfe zu meiner schriftstellerischen Tätigkeit weist Oberleutnant Pădurariu in seinen Anmerkungen darauf hin, daß ich seit der letzten Analyse am 14.11.1982 tendenziöse Gedichte im Literaturkreis gelesen habe und solche auch in der Lokalzeitung NBZ veröffentlicht wurden, daß ich kürzlich für mein „Werk"(Anführungszeichen im Original) vom Literaturkreis ausgezeichnet wurde, *der Fall muß mit komplexeren Methoden,* heißt es, *einschließlich technisch-operativen, verfolgt werden.*

Ein Oberstleutnant, Name unleserlich, wahrscheinlich der Vorgesetzte von Oberstleutnant Pădurariu, macht in einer Anmerkung seinem Ärger Luft: *Schon in der Analyse von 11/1982 wurde die Einsetzung von technisch-operativen Mitteln angeordnet, warum werden die Anordnungen nicht befolgt. Oberstleutnant Pădurariu wird die Umsetzung dieser Aufgaben bis zum 30.08. direkt unterstützen, außerdem sind auch die Parteiorgane zu unterrichten, um präventive Maßnahmen einer positiven Beeinflussung einzuleiten.*[78]

Informant „Ionescu" tritt am 3.08.1983 mit seiner ersten Miteilung, Kennziffer 26739, über mich in Erscheinung, da hat er bereits 39 gemacht, seine letzte zu mir, datiert 14.04.1987, trägt die fortlaufende Nummer 103. In seiner ersten Mitteilung berichtet „Ionescu" an Leutnant Beletescu, daß ich eine Auseinandersetzung mit dem Intendanten hatte, wer mich in der Dramaturgie besuchte, mit welchen Personen aus dem Ensemble ich längere Gespräche führ-

---

[78] „Positive Beeinflussung" bezeichnet die Methode der Securitate, Personen von ihren feindseligen Manifestationen oder Haltungen abzubringen. Dies geschah direkt, durch die Securitate und Parteiorgane, oder indirekt durch Informanten, Freunde, Familienangehörige, Arbeitskollegen. Auf dergleichen Methoden wird die Securitate im Laufe der nächsten Jahre wiederholt zurückgreifen, auch jener nächtliche Anruf von Beletescu, den wir zu Beginn unseres Versuchs der Erstellung einer Chronologie der Ereignisse erwähnten, muß in diesem Sinne gewertet werden.

te. Die Anweisungen von Beletescu an den neuen Informanten sind dieselben, die er immer auch den anderen Informanten erteilt: Informationen zum Zielobjekt sammeln und berichten.

Mit dem ersten Teil der Mitteilung von „Max", 20.10.1983, an Leutnant Beletescu, es ist seine letzte zu mir, zeigt sich Oberstleutnant Pădurariu unzufrieden. Der Informant berichtete: *In letzter Zeit wurde Hans Lippet öfter mit den Genannten Schneider E, W Totok, H Samson gesehen, Kollegen aus dem Literaturkreis, mit denen er auch über das Theater sprach.* Und Oberstleutnant Pădurariu stellt in einer Randnotiz die Frage: *Wo wurden sie gesehen?*

Der Informant berichtet im weiteren, daß ich an einer Studie arbeite, viel lese und arbeite, aber nicht sage, worum es geht.[79] *Aus Anlaß der Premieren von „Die Hose" und „Bericht"*[80] *fährt er fort, besuchte eine Delegation der Botschaft der Bundesrepublik das Theater, und es wurden Videofilme gezeigt. Das gesamte Protokoll wurde von Lippet übernommen, zudem auch bei der Premiere, an welcher der Kulturattaché der Botschaft teilnahm.*[81] *Lippet*, heißt es abschließend, *ist ein verschlossener Mensch, von dem man nicht weiß, wes Geistes Kind er ist.*[82]

Da Leutnant Beletescu hinsichtlich des Besuchs keine Maßnahmen vorschlägt, die Passage im Bericht ist unterstrichen, fordert ihn Oberstleutnant Păduariu auf: *Die zu ergreifenden Maßnahmen vorlegen.*

In seiner Mitteilung vom 8.11.1983 berichtet „Dieter" Oberleut-

---

79 Es geht um eine Arbeit über das Theater in der Bundesrepublik, speziell zum Werk von Franz Xaver Kroetz, den ich im Rahmen eines Fortbildungskurses für Dramaturgen meinen Kollegen vorstellte.

80 Das Stück von Carl Sternheim und „Bericht für eine Akademie" von Franz Kafka ist gemeint, Premiere am 5.10. bzw. 7.10. 1983 , Regie Alexander de Montléart als Gast aus der Bundesrepublik.

81 Der Kulturattaché nahm an der Premiere von „Die Hose" teil, was der Informant über den Besuch einer Delegation der Botschaft berichtet, stimmt nicht. Ein Angestellter des Deutschen Kulturinstituts aus Bukarest zeigte in einem Probesaal des Theaters im Vorfeld zu den beiden Premieren Videoaufzeichnungen von Theateraufführungen aus der Bundesrepublik. In Abwesenheit des Intendanten Hans Linder, der sich kurz vor den Premieren in den Westen abgesetzt hatte, übernahm ich mit anderen Kollegen das Protokoll.

82 Die rumänische Entsprechung heißt „ a purta hram", diese Redewendung dürfte einem deutschsprachigen Informanten nicht geläufig sein.

nant Beletescu, was er anläßlich eines Besuches bei mir zu Hause erfuhr: daß ich nicht auswandern will, vorhabe, in die Wohnung der Angestellten des Theaters, die vor der Auswanderung steht, einzuziehen, daß meine Frau sich zufrieden über ihre Tätigkeit als Lehrerin geäußert hat. Hinsichtlich des Literaturkreises weiß der Informant zu berichten, daß man auf die finanzielle Unterstützung des Kulturkomitees hofft, da aus Anlaß des 15jährigen Jubiläums ein Jahrbuch veröffentlicht werden soll. *Zur Zeit beschäftigt ihn der Umzug in die neue Wohnung, so daß ihm keine Zeit zum Schreiben bleibt*, schließt der Bericht.
Obwohl der Informant seinem Führungsoffizier versichert, daß ich nicht auswandern will, erteilt dieser ihm die Aufgabe, herauszufinden, ob ich es nicht doch plane, er soll ihm weiterhin über unsere Gespräche berichten und darüber, was ich zu schreiben gedenke und schlägt vor: *Die Möglichkeit der Installierung technisch-operativer Mittel in der neuen Wohnung studieren*. Zu dieser Maßnahme notiert der Vorgesetzte: *Überprüfung und Vorschläge*
Zum Oberleutnant befördert, legt Beletescu am 29.11.1983 eine erneute Analyse des Informativen Vorgangs „Luca" vor und entwirft einen Maßnahmenplan, der aus 5 Punkten besteht, mit Terminen, für deren Einhaltung er zuständig ist. Die Analyse hält fest, daß ich weiterhin im Literaturkreis lese, mein Buch „biographie. ein muster", für das ich den Debütpreis des Schriftstellerverbandes erhielt, ins Rumänische übersetzt wurde,[83] daß ich an einem Wohnungstausch interessiert bin, sich deshalb keine Absicht erkennen läßt, auszuwandern, obwohl zwei meiner Schwestern inzwischen in der Bundesrepublik leben.
Zum Maßnahmenplan: *Um weitere feindselige und tendenziöse Veröffentlichungen zu unterbinden, wird Informant „Dieter" eingesetzt, der herausfinden soll, wo das Zielobjekt zu veröffentlichen gedenkt, im In- oder Ausland; um herauszufinden, was das Zielobjekt im Litera-*

---

83 Nach der Veröffentlichung der Übersetzung meines Buches ins Rumänische im angesehenen Verlag „Cartea Românească" erschienen in vielen bedeutenden rumänischen Literaturzeitschriften ausführliche und lobende Rezensionen zu meinem Buch, in denen u.a. besonders auf die Behandlung der zwei Tabuthemen hingewiesen wurde: Die Deportation der deutschen Bevölkerung Januar 1945 in die Sowjetunion und die Zwangsumsiedlung sogenannter „unzuverlässigen Elemente" 1951 in die Bărăgan Steppe.

turkreis liest oder sagt, soll neben Informant „Mayer" auch eine andere Quelle auf es angesetzt werden; weil das Zielobjekt einen Wohnungstausch vorzunehmen gedenkt, wird die Möglichkeit der Installierung technisch-operativer Mittel studiert, außerdem auch am Arbeitsplatz;[84] alle Verbindungen zu Personen im In- und Ausland sind festzustellen; weiterhin werden Daten und andere Beweise zwecks Dokumentierung der Tätigkeit des Zielobjekts gesammelt.
Oberstleutnant Pădurariu vervollständigt durch Anmerkungen diesen Maßnahmenplan um noch vier Punkte und zusätzliche Hinweise.
Die Mitteilungen der Informanten werden nicht richtig ausgewertet, obwohl sie Hinweise von operativem Interesse enthalten. Steht in Verbindung mit anderen Personen, die eine feindselige Einstellung haben, Totok W. Samson Horst, Frauendorfer (siehe die Mitteilungen der Quellen „Max" und „Ionescu"); da für das Protokoll zuständig, Verbindungen zu westdeutschen Diplomaten; arbeitet an einer Studie, gibt dazu keine Auskünfte; hat zwei Schwestern im Ausland.
Der letzte Hinweis: *Wurde zur Aufnahme in den Schriftstellerverband vorgeschlagen, doch die Parteiorgane wurden informiert, der Erste Sekretär des Kreisparteikomitees der RKP, Cornel Pacoste, und dem nicht statt gegeben.*[85]
Es ergeben sich weitere Maßnahmen, schlußfolgert Oberstleutnant Pădurariu und hält sie fest: *konkrete Daten über die Beziehungen zu anderen feindseligen Elementen sind einzuholen; über die Theaterleitung*[86] *werden Maßnahmen ergriffen, um das Zielobjekt vom Protokoll zu entfernen, damit es keine Möglichkeit mehr hat, mit Ausländern in Verbindung zu treten; es muß geklärt werden, woran es arbei-*

---

84 Was offensichtlich trotz Anordnung noch immer nicht geschah.
85 Es handelt sich um eine Empfehlung von Nikolaus Berwanger an die Schriftstellervereinigung Temeswar, der lokalen Unterorganisation des Rumänischen Schriftstellerverbandes in Hinblick auf eine Aufnahme nach Erscheinen der Übersetzung meines Buches. In den Verband konnte man eigentlich erst nach der Veröffentlichung von zwei eigenständigen literarischen Werke aufgenommen werden. Einen Antrag stellte ich erst 1984, nach Erscheinen meines zweiten Buches, zog ihn aber 1985 zurück.
86 Die Schauspielerin Ildiko Jarcsek- Zamfirescu war auf Empfehlung von Berwanger Intendantin des Theaters geworden. Mein Verhältnis zu ihr war gut, und die Securitate wird vermerken, daß es seitens der Direktion keine Reklamationen gibt.

tet, ob das feindselig ist oder nicht, hierfür wird das Netz eingesetzt und eine geheime Hausdurchsuchung vorgenommen;[87] außerdem muß die Arbeit des Zielobjekts am Theater näher untersucht werden, welche Stücke es zur Inszenierung auswählt, ob auch hier eine feindselige Tätigkeit vorliegt; hinsichtlich seiner negativen Tätigkeiten sollen die Parteiorgane laufend unterrichtet werden. In Zukunft, heißt es abschließend, *die operative Situation gründlicher analysieren und die Maßnahmen, die ergriffen werden müssen.*

Einverstanden mit den Bemerkungen von Oberstleutnant Pădurariu, vermerkt ein Vorgesetzter, Name unleserlich, ohne Angabe des Rangs, und fügt hinzu: *Im Rekrutierungsplan für das I. Trimester 1984, danach trachten, eine Quelle zu finden, die reale Möglichkeiten hat, an Informationen zu gelangen, ansonsten werden wir die Tätigkeit des Zielobjekts nicht entziffern können.*[88] *Der eventuelle Wohnungstausch ist im Auge zu behalten, um die technisch-informativen Mittel rechtzeitig installieren zu können.*

Obwohl das Jahrbuch des Literaturkreises „Pflastersteine" bereits 1982 erschienen war, macht Informant „Eva", Kennziffer 25195, bis dahin gelieferte Berichte 40, erst am 22.12.1983 Mitteilung an Major Adamescu. In einer Anmerkung des Führungsoffiziers heißt es: *Die Mitteilung wurde infolge der erteilten Aufgaben verfaßt, um die Erzählung von Lippet kritisch zu beleuchten.*[89] *Wird im Informativen Vorgang Luca ausgewertet, Oberleutnant Beletescu.*

Der Informant beginnt seine Mitteilung, indem er die bio-bibliographischen Daten aus dem Anhang des Jahrbuchs zitiert, erzählt dann den Inhalt der 10 Seiten umfassenden Erzählung, schätzt sie als pessimistisch ein, *voller Trauer und Bitternis, was aber durch das Einflechten von fröhlichen Kindheitserinnerungen kaschiert werden soll.*

In einer Randnotiz wird Oberleutnant Beletescu von Oberstleutnant Pădurariu angewiesen: *Maßnahmen ergreifen, um festzustellen, ob diese Einstellung von Lippet ihren Niederschlag nicht auch*

---

87 Ob tatsächlich, wie angeordnet, eine geheime Hausdurchsuchung stattfand, weiß ich nicht, aufgefallen jedenfalls ist sie mir nicht.
88 Bei der Securitate gab es ein Plansoll, was die Rekrutierung neuer Informanten betraf.
89 Es handelt sich um die Erzählung „An einem Freitag im Sommer", die schon 1980 Gegenstand der Mitteilung von Informant „Mayer" war, als ich sie im Literaturkreis las.

in seiner Tätigkeit am Deutschen Theater findet. Der Vorgesetzte von Oberstleutnant Pădurariu, ein Oberstleutnant, Name unleserlich, nimmt in einer anderen Notiz Stellung. *Dahingehend aktiv werden, um die Veröffentlichung solcher Werke in Zukunft zu verhindern, gleichzeitig ist der Grund dieser Auffassungen festzustellen, die Maßnahmen zur Dokumentation und deren Finalisierung sind zu beschleunigen, der Informative Vorgang ist zwecks Analyse vorzulegen.*

Am 19.02.1984 hält Oberstleutnant Pădurariu schriftlich fest, was ihm Informant „Mayer" über meine Lesung aus der Erzählung „Anton Baumgartner, der Mittelpunkt der Welt" am 26.01.1984 im Literaturkreis berichtete. *Vom Alltag eines banatschwäbischen Bauern in der Zeitspanne 1958-1978 wird erzählt, in Form eines Tagebuchs, die Arbeit ist vom ästhetischen Standpunkt aus gelungen, vom politischen aber strittig. Die Hauptperson, ein Bauer, ist mit den Umständen, unter denen er leben muß, unzufrieden, es fehlt ihm an vielem, und weil er eine Kuh hält, ist er zum Diebstahl genötigt. Lippet will damit hervorstreichen, daß die Lage des Bauern im allgemeinen damals schlecht war, daß in den Reihen der Bauernschaft Not und Unzufriedenheit vorherrschten.*

Einige der Anwesenden waren voll des Lobes für das Werk und hoben hervor, daß das Dargestellte der Wahrheit entspricht. Berwanger Nicolae kritisierte den Inhalt nicht, meinte aber, daß er sich nicht vorstellen könnte, daß dieses Werk veröffentlicht werden wird. Ein Anwesender, die Quelle konnte ihn nicht identifizieren, schlug vor, die Arbeit im Temeswarer Verlag zu veröffentlichen, wo sie akzeptiert werden könnte, aber Hubert Wilma, die Lektorin des Facla Verlags sagte: „Was glauben Sie, in Temeswar kann man alles veröffentlichen?" (Zitat im Original)

Im Laufe der Diskussionen machte Berwanger Nicolae noch die Bemerkung, daß ein banatschwäbischer Bauer nicht stiehlt. Lippet Johann erklärte, daß er die Arbeit an die Zeitschrift „Neue Literatur" geschickt hat, beziehungsweise an Stoffel,[90] der entscheiden wird, ob sie veröffentlicht werden wird oder nicht.

---

90 Emmerich Stoffel (1913-2008), seit 1931 Mitglied der Rumänischen Kommunistischen Partei (RKP), bekleidete nach 1944 auch politische Ämter als Vertreter der Deutschen Rumäniens, war bis 1956 im diplomatischen Dienst tätig, 1965-1974

Zu den Anmerkungen von Oberstleutnant Pădurariu: *Lippet Johann wird als Informativer Vorgang bearbeitet, wegen Verfassens feindseliger Schriften, über die Lesung im Literaturkreis habe ich dem Dienst „T" berichtet, bisher aber noch kein Material erhalten, obwohl es in diesem Fall notwendig gewesen wäre, Näheres über den konkreten Inhalt der Arbeit zu erfahren, ich habe mehrmals mit Oberstleutnant Cegi und Hauptmann Bădescu gesprochen und darauf hingewiesen, daß man uns die Materialien von diesem Zielobjekt nicht liefert, aber ohne Erfolg.*[91]

Maßnahmen: *Bei der Direktion I Bukarest nachfragen, ob sie über Möglichkeiten verfügen, den Inhalt bei der „Neuen Literatur" zu überprüfen.*

Am 3.03.1984 erfährt Oberleutnant Beletescu von Informant „Dieter": daß ich ein Buch, Titel steht noch nicht fest, veröffentlichen und in die neue Wohnung umziehen will, daß mich Horst Samson im Theater besuchte, ich am Arbeitsplatz bloß Gespräche über meine Arbeit als Dramaturg führe.

Die Nachrichten sind Anlaß zu Maßnahmen: herausfinden, wo das Buch erscheinen soll, in Temeswar, Bukarest oder im Ausland; da es sich um eine Arbeit feindlichen Inhalts handelt, auch andere Quellen auf das Zielobjekt ansetzen. Eine Notiz bezieht sich auf die Mitteilung von „Mayer" zur beabsichtigten Veröffentlichung von „Anton Baumgartner" in der NL: die signalisierte Arbeit ist in Bukarest zu überprüfen.

Um diese Überprüfung wird im Schreiben, getippt, des Kreisinspektorats Temesch des Innenministeriums, Sicherheitsdienst/ Dienst I/A vom 17.03. 1984 an das Ministerium des Inneren, Direktion I, Bukarest, Dienst II, gebeten, es ist vom Chef des Sicherheitsdienstes, Oberst Mortoiu Aurelian, und vom Chef des Dienstes I/A, Oberstleutnant Ianculescu Antonie, unterzeichnet.

Darin heißt es: *Wir erstatten in folgender Angelegenheit Meldung.*

Mitglied des Zentralkomitees der RKP. Nach Verlegung der Redaktion der Zeitschrift „Banater Schrifttum", 1949-1955, von Temeswar nach Bukarest und deren Umbenennung in „Neue Literatur" war Emmerich Stoffel, 1956-1984, deren Chefredakteur. Ich kann mir schwer vorstellen, seinen Namen ins Gespräch gebracht zu haben.
91 Es handelt sich um die Abhörprotokolle, der Raum, in dem der Literaturkreis seine Sitzungen hielt, wurde, wie bereits erwähnt, Dezember 1982 verwanzt.

Aus unseren Informationen zum Informativen Vorgang "Luca", in dem Genannter Lippet Johann (Name in Handschrift) *wegen feindseliger Schriften bearbeitet wird, geht hervor, daß er eine Prosaarbeit mit dem Titel "Anton Baumgartner" verschickt hat, die eine sogenannte Beschreibung des Lebens eines Bauern deutscher Nationalität aus dem Banat in der Zeitspanne 1958-1978 zum Gegenstand hat. Die Arbeit hat einen tendenziösen Inhalt, da der Autor hervorzuheben versucht, daß das Leben der Bauern schwer war, daß in ihren Reihen Mangel herrschte und Unzufriedenheit.*

Lippet Johann, fährt die Meldung fort, *behauptete, die Arbeit an die "Neue Literatur" aus Bukarest, beziehungsweise an Stoffel*[92] (Name in Handschrift) *geschickt zu haben, der über das Erscheinen entscheiden wird. Wir bitten,* heißt es abschließend, *Ihre Möglichkeiten dahingehend zu nutzen, um eine Überprüfung des Inhalts der Arbeit bei der Zeitschrift "Neue Literatur" zu erwirken und eine Veröffentlichung zu verhindern, sollte der Inhalt unangemessen sein.*

Am 31.03.1984 wird in einer Mitteilung festgehalten, was Informant "Mayer" berichtete, sie ist für Oberstleutnant Pădurariu bestimmt und von Oberleutnant Beletescu verfaßt. *Anläßlich eines Besuches am 21.02.1984 in der Redaktion der "Neue Banater Zeitung" sprach die Quelle mit Berwanger Nicolae,* heißt es einleitend. *Der war über Wagner Richard verärgert, weil dieser versucht hatte, Lippet Johann davon zu überzeugen, nicht mehr an den Sitzungen des Literaturkreises teilzunehmen und dort nicht mehr zu lesen. Aus dem Gespräch ging hervor, daß Lippet Johann mit dem Vorschlag Wagners nicht einverstanden war, und diesem das auch mitteilte.*[93] Wie man

---

92 Bei der Securitate aus Temeswar wußte man anscheinend nicht, wer er war, sonst hätte man den Namen nicht als Person ins Spiel gebracht, die zu durchleuchten ist.
93 Laut Satzung des Literaturkreises war jeder, der den Beitrag zahlte, Mitglied. Als der Parteidichter Franz Johannes Bulhardt (1914-1989) nach einer Zusage des Vorsitzenden Berwanger seine Absicht bekundete, Mitglied des Literaturkreises zu werden und zu lesen, kam es zu Diskussionen. Als Vorstandsmitglieder vertraten Samson, Totok und ich den Standpunkt, daß man Bulhardt einen Auftritt im Literaturkreis nicht verbieten könnte und wollten dessen Lesung zum Anlaß für eine kritische Auseinandersetzung mit dem Parteidichter nutzen, dessen Gedichte aus den Lehrbüchern wir als Schüler auswendig lernen mußten. Wagner, als stellvertretender Vorsitzender, vertrat die Meinung, daß Bulhardt durch die Lesung sein Image aufpolieren will und kündigte, da Berwanger an seiner Zusage festhielt, sei-

weiß, arbeitet Wagner Richard nicht mehr bei der Zeitung "Karpaten-Rundschau"[94] *und ist arbeitslos, man spricht davon, daß er bei der Zeitschrift "Neue Literatur" angestellt werden soll, für den Vertrieb im Banat und Siebenbürgen, da der bisherige Stelleninhaber,* der Name wird genannt, *in Rente geht.* Die Mitteilung enthält keine Anmerkungen.

---

ne Mitgliedschaft. Er, Herta Müller und Helmuth Frauendorfer kamen nicht mehr zu den Veranstaltungen des Literaturkreises. Die Lesung von Bulhardt fand letztendlich nicht statt.

94 Richard Wagner wurde im Herbst 1978, nachdem er in Hunedoara, einem Zentrum für Schwerindustrie, seine drei Pflichtjahre als Lehrer abgesessen hatte, Redakteur für das Banat der Wochenzeitung, die in Kronstadt, Siebenbürgen, erschien. Nach wiederholten Konflikten mit der Redaktion, man veröffentlichte u.a. seine kritischen Rezensionen nicht, nahm diese seine Weigerung, Feiertagsreportagen zu schreiben, zum Anlaß, ihn Ende 1983 zu feuern.

4. Einschließlich Strafverfahren

Am 16.04.1984 ergeht ein Schreiben des Kreisinspektorats Temesch des Innenministeriums, getipptes Formular, mit Leerzeilen für handschriftliche Einträge, an den Dienst „S" aus Temeswar. Zu den Unterschriften des eine Seite umfassenden Papiers: auf der Seite unten links, Chef der Einheit, ohne Nennung eines Namens oder Rangs, Unterschrift unleserlich, auf der Seite unten rechts, Chef des Dienstes I/A, ohne Nennung eines Namens, Oberstleutnant, Unterschrift unleserlich. Mein Name, meine Anschrift, mein Arbeitsplatz sind in die Leerzeilen des getippten Formulars eingetragen. *Bearbeitet im Problem* heißt es, dann weiter handschriftlich: *Deutsche Nationalisten.*
Im besonderen interessieren uns die Verbindungen im In- und Ausland, beabsichtigt im Ausland feindselige Schriften zu veröffentlichen. Die erhaltenen Daten sind an Genossen Oberleutnant Beletescu Ion, Telefon (die Nummer ist vermerkt) *weiterzuleiten, der mit Ihnen in Verbindung bezüglich dieses Problems bleiben wird. Folgende spezielle Maßnahmen sind zu ergreifen: Physische Kontrolle. Die Daten sind bis zum 31.12.1984 an uns weiterzuleiten.*
Das nächste Dokument, Unterschriften wie beim obigen, ebenfalls 16.04.1984 datiert, ist eine Druckvorlage des Innenministeriums, die Nummer einer Militäreinheit des Kreisinspektorats Temesch ist handschriftlich eingetragen, es ist an eine Einheit des Innenministeriums Bukarest adressiert.
Bitten um Anwendung der spezifischen Mittel, über die ihre Einheit verfügt, um uns Daten aus den Quellen S T P C zu übermitteln, steht fettgedruckt in der ersten Zeile des Formulars. Mei-

ne Person betreffend sind hinsichtlich der Quellen die Buchstaben S, T und P umkringelt. Das Formular enthält eine Vielzahl von Rubriken, in der mit **Hauptadresse** überschriebenen ist meine Anschrift vermerkt, in der mit **Andere Anschriften**, die der Wohnung, in die ich umziehen sollte. Dann folgt die Rubrik **Postanschriften**, hier sind auch **Schließfach** und **Institution** vorgesehen, in meinem Falle heißt es: *Bundesrepublik Deutschland, Österreich.* Die Aktion ist ebenfalls bis 31.12.1984 anberaumt, die gewonnenen Daten sind Oberleutnant Beletescu zu übermitteln, in der Rubrik **Problembereich** heißt es: *Deutsche Nationalisten,* unter **Wesen der Information**: *Schriften feindseligen Inhalts,* in der Rubrik **Angeforderte technische Unterstützung** ist vermerkt: *Physische Kontrolle.* **Charakteristika** heißt ein Abschnitt der Druckvorlage, in der Rubrik **Beruf** steht *Lehrer, Dramaturg,* unter **Vorlieben** ist vermerkt *Schriftsteller.* Andere Rubriken beziehen sich auf: **Krankheiten, Laster.** Im Abschnitt **Andere Daten von operativem Interesse** heißt es: *Unterhält Verbindungen zu Personen aus dem Ausland, will seine Schriften im Ausland veröffentlichen.*[95]

Diese Anordnungen zur verschärften Überwachung, zeitgleich in Temeswar und Bukarest, belegen, daß die Nachforschungen der Securitate zu mir auf Hochtouren liefen. Man war irritiert, glaubte wohl, nicht wachsam genug gewesen zu sein, aber meine Korrespondenz mit dem Ausland beschränkte sich tatsächlich bloß auf Briefe an Verwandte, und Manuskripte hatte ich keine verschickt.

In Nummer 4/1984 der NL erschienen Fragmente, 17 Seiten, meiner Erzählung „Anton Baumgartner, der Mittelpunkt der Welt", auf

---

95 Mit S T P C sind Spezialeinheiten der technisch-operativen Überwachung gemeint, Spezialeinheit S war für den Briefverkehr zuständig, Spezialeinheit T für die telefonische Überwachung, wie bereits erwähnt, Spezialeinheit P für die Produktion der technisch-operativen Ausrüstung, Spezialeinheit C für den Transport des geheimen Briefverkehrs. Bereits 1975 nahm die Securitate aus Temeswar im Rahmen ihrer Ermittlungen gegen die „Aktionsgruppe Banat" die Amtshilfe der Spezialeinheiten „S" aus Bukarest und Temeswar in Anspruch. In den Mitteilungen der Informanten aus jener Zeit ist zum Gegenstand der Untersuchung verzeichnet: Deutsche faschistische Elemente. Dieser Vermerk kommt in den darauffolgenden Jahren nicht mehr vor, taucht nun wieder auf in der Formulierung: Deutsche Nationalisten. Hin und wieder verwenden die Führungsoffiziere in ihren Anmerkungen zu den Berichten der Informanten, in denen zu Berichtanalysen diese Vokabeln, auch irredentistisch.

die Informant „Eva" in ihrer 67. Mitteilung, Handschrift, vom 25.05 1984 an Major Adamescu eingeht. Die Quelle berichtet, daß *der Autor in den Fragmenten Ereignisse aus dem Leben des Anton Baumgartner, 42 Jahre alt, und seiner Frau Maria, 43 Jahre alt, erzählt. Die Handlung setzt am 20. November 1965 ein, als Anton und Maria sich in die Stadt aufmachen, um ein Kind zu adoptieren, und endet im Sommer 1973, als Anton und Maria laut Verordnung nochmals ihre Maisparzelle[96] hacken müssen, obwohl das nicht notwendig gewesen wäre.* Hierzu bemerkt Major Adamescu: *Das waren die Anordnungen.*

Ein anderes Fragment erzählt, fährt der Bericht fort, *daß Anton und Maria am Tisch sitzen, 1965 im Herbst, es ist ein Sonntag, der Ausrufer mit der Trommel durch die Gasse zieht und verkündet, daß am Nachmittag die Vorführung eines guten deutschen Films stattfindet „Das Spuckschloß im Spessart".* Der Hinweis *guter deutscher Film* ist vom Führungsoffizier unterstrichen.

Eine nächste Begebenheit findet am 23. August 1969 statt, heißt es weiter, *als Anton mit einer Fuhre Melonen ins Nachbardorf unterwegs ist, um diese zu verkaufen. Er entdeckt einen Mann, der sich an einem Baum erhängt hat, und rettet ihn.* 23. August[97] 1969 ist vom Führungsoffizier unterstrichen, der Hinweis, daß der Mann sich erhängte, gekennzeichnet. Abschließend heißt es im Bericht, daß *der Autor in den Handlungsablauf die Beschreibung eines Wasserkruges einbaut, eines Kartenspiels, eines Essens auf dem Feld.*

Zur Anmerkung des Führungsoffiziers: *Der Quelle wurde die Aufgabe erteilt, die Mitteilung zu verfassen. Die Lektüreeindrücke sind aber nicht beweiskräftig, da die Quelle nicht die notwendigen Verbindungen zwischen den Fakten herstellt, die der Autor benennt, und keine der Begebenheiten kritisch beleuchtet, die Lektüre durch eine andere Quelle wird als notwendig erachtet. Der Bericht wird im Informativen Vorgang „Luca" ausgewertet.*

Am 29.06.1984 verfaßt Informant „Robert", Kennziffer 28921, seinen ersten Bericht über mich, bis dahin hat er 8 geliefert, sein letz-

---

96 Den LPG- Bauern wurden Parzellen an Mais, Zuckerrüben und Tabak zugeteilt.
97 Der 23. August war der Nationalfeiertag Rumäniens. Er wurde als Tag der Befreiung vom faschistischen Joch gefeiert, dann unter Ceaușescu als Tag der nationalen Befreiung und des antiimperialistischen Kampfes.

ter über meine Person stammt vom 09.12.1987, da hatte ich seit einem halben Jahr bereits das Land verlassen, er trägt die Nummer 87.

In seiner ersten Mitteilung informiert „Robert" Oberleutnant Beletescu über eine Rezension zu meinem Gedichtband „so war's im mai so ist es", Kriterion Verlag Bukarest 1984, die in der Zeitschrift „Volk und Kultur" 6/1984 erschien und zitiert daraus. Er erhält den Auftrag, den Gedichtband zu lesen, um bei der nächsten Begegnung davon zu berichten, zudem soll eine andere Quelle mit der Lektüre beauftragt werden.

Die Analysemitteilung von Oberleutnant Beletescu, 27.07.1984, faßt die über Informanten gesammelten Erkenntnisse und Daten zusammen und benennt die Bereiche der Überwachung und Beobachtung: Neue Literatur, Literaturkreis, Theater. In bezug auf den Literaturkreis macht Oberstleutnant Pădurariu seinen Untergebenen in einer Randnotiz aufmerksam: *Tätigkeit bis Oktober unterbrochen.*

Aus der Analysemitteilung wird ersichtlich, daß die Installierung operativ-technischer Mittel am Arbeitsplatz und in der Wohnung noch immer nicht geklappt hat, da sie Gegenstand einer der sechs Punkte im Maßnahmenplan ist. Der sieht vor, daß ich aus dem Protokoll entfernt werden soll, *in dieser Hinsicht ist ein Gespräch mit der Theaterleitung zu führen.* Oberleutnant Beletescu will das übernehmen, sein Vorgesetzter aber streicht dessen Namen durch und ersetzt ihn durch seinen.

In dessen Anmerkungen zum Maßnahmenplan heißt es noch: *Die im Netzwerk zu dem Dossier verwendeten Quellen haben nur beschränkte Möglichkeiten, deshalb müssen Quellen gefunden werden, die an das Zielobjekt näher herankommen, zudem sind Maßnahmen zu ergreifen, um die bereits in anderen Analyseberichten genannten Aufgaben zu verwirklichen.* Diese Vorschläge werden von einem Vorgesetzten, ohne Nennung des Rangs, Name unleserlich, gut geheißen.

Am 22.08.1984 kommt Informant „Robert" der ihm zwei Monate zuvor gestellten Aufgabe nach und berichtet Oberleutnant Beletescu über meinen Gedichtband. In der Mitteilung heißt es, daß der Band Gedichte versammelt, *die in den letzten 10 Jahren veröf-*

fentlicht wurden. *Einige handeln von persönlichen Problemen andere haben die Auswanderung der deutschen Bevölkerung des Banats zum Thema. Der Informant nennt weder Titel, noch geht er auf ein Gedicht näher ein.*
Zu den Anmerkungen: *Genannter L. J. befindet sich in Beobachtung unserer Organe, der Bericht wird im Dossier des Elements ausgewertet. Die Quelle erhält den Auftrag nähere Auskunft über Gedichte des Bandes zu geben, zu denen mit interpretierbarem oder feindseligem Inhalt.*
In Bukarest ist man der Bitte zur Überwachung meiner Korrespondenz nachgekommen und schickt am 22.11.1984 einen abgefangenen Brief im Original, das mitgeschickte Formular mit Eintragungen und Kürzel regelt den Amtsverkehr. Aus dem Brief meiner Schwester ist ein Abschnitt übersetzt, dazu heißt es in einer Notiz: *Die Zurückbehaltung des Materials wird vorgeschlagen, da die Person aus dem Ausland zur Emigration rät.* So kam es, daß ich den Brief meiner Schwester nach fast 23 Jahren im Dezember 2007 las.
In einem Bericht hält Oberleutnant Beletescu fest, was er bei der Begegnung am 23.11.1984 vom Informanten „Dieter" über mich erfuhr: *Er ist zur Zeit mit der Vorbereitung einer Veranstaltung in der „Olympia"- Halle beschäftigt. Aus Gesprächen erfuhr die Quelle, daß Lippet Johann in eine größere Wohnung umziehen will, in die des Regisseurs am Deutschen Theater,* der Name wird genannt. Und weiter heißt es: *In Gesprächen machte er keine Andeutungen, emigrieren zu wollen.* Zum Bericht gibt es keine Anmerkungen, der Informant erhält keine Aufträge.
In der Mitteilung an Oberleutnant Beletescu vom 13.12.1984 berichtet Informant „Robert": *In einem Gespräch zur Lage des Literaturkreises „Adam Müller-Guttenbrunn" und die Wiederaufnahme seiner Tätigkeit meinte der Genannte, daß die Behörden Bedingungen stellen, die Leitung des Literaturkreises wiederum stellt ihre, so daß man zu keiner Einigung kommt. Er sagte noch, daß die Securitate in allen nur Feinde des Vaterlandes wittert.*
Wie es um den Literaturkreis „Adam Müller-Guttenbrunn" bestellt war, wußte der Führungsoffizier bestimmt seit Monaten. Im Juli und August 1984 wurde unser Schriftstellerkollege Helmuth Frauendorfer mehrmals vom Temeswarer Sicherheitsdienst verhört,

man wollte ihn zu der Aussage zwingen, daß wir, seine Schriftstellerkollegen, staatsfeindliche Texte schreiben. Daraufhin richteten wir einen Brief an den Ersten Sekretär des Kreisparteikomitees Temesch. Im folgenden die Übersetzung des in rumänischer Sprache verfaßten Briefes:

An Genossen Ersten Sekretär Cornel Pacoste
Wir, junge deutschsprachige Schriftsteller aus Temeswar, wollen Sie über folgendes in Kenntnis setzen. Am 19., 20., 21. und 24. Juli und am 20. August diesen Jahres wurde unser junger Kollege Helmuth Frauendorfer, Absolvent der Philologischen Fakultät aus Temeswar (1984), der ein beachtliches literarisches Debüt sowie eine vielseitige künstlerische und publizistische Tätigkeit aufzuweisen hat (er leitete die deutsche Theatergruppe des Studentenkulturhauses, war verantwortlicher Redakteur der deutschen Seite der Zeitschrift „Forum studențesc" [98]*, eine Seite, die zu unserer Verwunderung nicht mehr erscheint), vom Sicherheitsdienst verhört, und zwar von Oberstleutnant Pădurariu Nicolae und Major Adamescu Ioan. Während der Verhöre wurde unser Kollege beschimpft und von Major Adamescu sogar einmal geschlagen. Er wurde aufgefordert, Erklärungen zu unterschreiben, die besagten, daß er staatsfeindliche Gedichte schreibe (wir gebrauchen die Formulierung der Securitate) und sich staatsfeindlich betätige. Er wurde außerdem dazu aufgefordert, Erklärungen zu unterschreiben, die besagten, daß wir, die wir uns durch diesen Brief mit unserem Kollegen solidarisch erklären, ihn in diesen „staatsfeindlichen" Tätigkeiten beeinflußten und bestärkten, auch durch den Literaturkreis „Adam Müller-Guttenbrunn" der Schriftstellervereinigung aus Temeswar. Der Literaturkreis wurde von Oberstleutnant Pădurariu als „Räubernest" bezeichnet. Dieses „Räubernest" wird vom Schriftsteller Nikolaus Berwanger, Sekretär des Schriftstellerverbandes, geleitet. Einige der Unterzeichner dieses Briefes sind Mitglieder des Literaturkreises.*
Wir haben uns entschlossen, diesen Brief zu verfassen, da der Zwischenfall mit unserem Kollegen, der übrigens einen schriftlichen Verweis erhielt, nicht der erste dieser Art ist. Seit Jahren schon werden wir von den Vertretern des Innenministeriums aus Temeswar verfolgt. Was wir schreiben, wird als tendenziös umgedeutet, um zu beweisen,

---

98 Zeitschrift des Studentenverbandes aus Temeswar.

daß unsere Tätigkeit subversiv ist, Reisen ins Ausland werden uns verweigert, es fanden Hausdurchsuchungen und Festnahmen statt, einigen Kollegen wird die Aufnahme in den Schriftstellerverband verweigert, obwohl sie die notwendigen Bedingungen dafür erfüllen, jüngere Kollegen, die am Anfang ihrer literarischen Laufbahn stehen, werden eingeschüchtert oder durch Erpressungen gezwungen, mit der Securitate zusammen zu arbeiten u.a.m.
Es ist offensichtlich, daß dieser Tatbestand nicht mehr länger andauern darf. Wir sehen darin eine offenkundige Verletzung der Rechte der Minderheiten in unserem Land, letztendlich eine Mißachtung der Beschlüsse des IX. Parteitages, der bekanntlich für unsere Gesellschaft eine neue, ausdrücklich demokratische, Grundlage geschaffen hat. Der vorhin beschriebene Tatbestand stellt für uns nichts anderes als eine systematische Boykottierung unserer Tätigkeit als deutschsprachige Schriftsteller dar. Diese Schikanen sind nichts anderes als der Versuch, uns zum Schweigen zu bringen und zum Verlassen des Landes zu nötigen.
Wir haben uns an Sie gewandt, weil wir meinen, daß die führende Kraft in unserem Land die Kommunistische Partei Rumäniens ist. Es wurde wiederholt darauf hingewiesen, daß die Securitate eine der Partei untergeordnete Behörde ist, nicht umgekehrt. Wir sind der Meinung, daß die Einschätzung einer literarischen Arbeit nach literarisch-ästhetischen Kriterien zu erfolgen hat, eine kompetente Literaturkritik ein Werturteil fällen sollte, dieses nicht den Kriterien eines Sicherheitsoffiziers überlassen werden darf.
Wir wünschen, unsere Lage im Rahmen einer Audienz mit Ihnen zu besprechen und hoffen, daß sie auf Kreisebene zu lösen ist. Sollte das nicht möglich sein, sehen wir uns gezwungen, uns an die höchste Parteiführung zu wenden.
(Ein Schreiben gleichlautenden Inhalts richteten wir an die Leitung des Schriftstellerverbandes.)
Temeswar, September 1984
Den Brief unterzeichneten Helmuth Frauendorfer, Herta Müller, Richard Wagner, William Totok, Johann Lippet, Horst Samson, Balthasar Waitz. Die Unterzeichner führten, handschriftlich, ihre vollen Namen an, daneben ihre Unterschrift. Das Schreiben enthält einen Anhang, in dem die Unterzeichner, in Handschrift, Aus-

kunft über ihren Beruf und Arbeitsplatz geben, ihre Anschrift anführen, ihre Veröffentlichungen auflisten und die ihnen verliehenen Literaturpreise.

Das Schreiben, getippt, des Kreisinspektorats Temesch des Innenministeriums, Sicherheitsdienst/Dienst I/A an das Innenministerium, Direktion I, Bukarest, Dienst II, wurde am 19.10. 1984 in 2 Exemplaren redigiert, das mir vorliegende Exemplar ist der Durchschlag, der Postausgang ist 24.10.1984 datiert, dasselbe Datum steht unter einer handschriftlichen Notiz von einem Major, Name unleserlich, unterschrieben: *Maßnahmen ausgewertet für Bulletin DSS[99] und „Orizont- 2.000".*[100]

In dem Schreiben nach Bukarest, vom Stellvertreter des Sicherheitsdienstes, Oberst Cristescu Ion, und vom Chef des Dienstes I/A, Oberst Ianculescu Antonie, unterzeichnet, wird eingangs darauf hingewiesen, daß *dies ein Folgebericht des Berichts vom 26.09.1984 ist, der eine kollektive Eingabe zum Gegenstand hatte, als sich unter Beobachtung befindende Elemente*, die Namen der Unterzeichner des offenen Briefes sind handschriftlich eingetragen, *mit einer Denkschrift an den Ersten Sekretär des Kreisparteikomitees der RKP wandten, worin sie unterstellten, daß ihnen von Seiten der Organe des Sicherheitsdienstes sogenannte Schwierigkeiten in ihrer schriftstellerischen Tätigkeit gemacht werden.*

Wir melden hiermit, heißt es im Schreiben weiter, *daß oben Genannte, außer Herta Müller, die eine Besuchererlaubnis in die Bundesrepublik Deutschland erhielt,*[101] *am 12. Oktober 1984 zum Sitz des Kreisparteikomitees einbestellt wurden.*

Hier wurden sie von einem Kollektiv bestehend aus dem Sekretär für Propagandafragen des Kreisparteikomitees[102]*, dem Stellvertreter des Sicherheitsdienstes*[103] *und dem Sekretär der Schriftstellervereinigung*

---

99 DSS, Departamentul Securității Statului, Departement für Staatssicherheit
100 Das ist wahrscheinlich der Codename für eine Aktion großen Ausmaßes, der Codename taucht nicht nur in der Akte meiner deutschen Schriftstellerkollegen auf, sondern auch bei rumänischen.
101 Es war ihr erlaubt worden, zur Entgegennahme des „Aspekte- Literaturpreises zu fahren.
102 Florescu Eugen
103 Oberst Cristescu Ion

aus Temeswar[104] empfangen, sie wurden zur Verantwortung gezogen, es wurde darauf hingewiesen, daß sie feindselige, tendenziöse und interpretierbare Arbeiten zu unserer Gesellschaftsordnung verfassen, zur sozial-politischen und wirtschaftlichen Lage, die nicht der Wahrheit entsprechen, sie wurden auf die Tragweite ihrer kollektiven und organisierten Eingabe hingewiesen, in der sie Probleme aufwerfen, die ebenfalls nicht der Wahrheit entsprechen.
Um ihnen das zu beweisen, wurde aus von ihnen verfaßten Arbeiten zitiert, auch aus der staatsfeindlichen Schrift von Totok William.[105]
Die genannten Elemente, fährt der Bericht nach Bukarest fort, wurden aufgefordert, Beweise zu erbringen und ihre Behauptungen aus der kollektiven Eingabe zu konkretisieren, es fehlten ihnen aber die Argumente. Horst Samson jedoch behauptete im Namen aller, daß es in ihrem Umfeld und in dem anderer Personen Unzufriedenheiten gibt, die da wären:
- *Die deutschen Schriftsteller würden nicht in den Schriftstellerverband aufgenommen.*
- *Im Literaturkreis dürften keine westdeutschen Schriftsteller lesen, ihr Werk vorstellen und über die deutsche Kultur sprechen.*[106]
- *Daß man ihnen keine Auslandsreisen genehmigte, um an Symposien und anderen literarischen und kulturellen Veranstaltungen teilzunehmen.*
- *Sie hätten Schwierigkeiten ihre literarischen Werke zu veröffentlichen, einige würden überhaupt nicht veröffentlicht, andere hingegen erschienen in kleinen Auflagen (Maximum 200 Exemplaren) und einer kläglichen graphischen Gestaltung.*
- *Auf einige Autoren würde Druck ausgeübt, das Land zu verlassen, andere würden von der Securitate eingeschüchtert und schrieben deshalb nicht mehr.*

---

104 Dumbrăveanu Anghel
105 Der Hinweis bezieht sich auf das Manuskript, das im Rahmen der Hausdurchsuchung 1982 bei Horst Samson beschlagnahmt wurde und darauf, daß bei der Audienz der Sekretär für Propagandafragen aus Texten zitierte, die im Auftrag der Securitate übersetzt worden waren.
106 Günter Herburger ist gemeint, der auf Einladung des Goethe-Instituts Rumänien besuchte und der im Unterschied zu Friedrich Christian Delius, Ingeborg Drewitz und Herrad Schenk, die Jahre zuvor im Literaturkreis lasen, in Temeswar nicht lesen durfte.

Sie gerierten sich als Vertreter der deutschen Nationalität und warfen auch andere Probleme auf.
- *In den Geschichtslehrbüchern für die rumänischen Schulen stünden bloß 5 Zeilen zur Geschichte der Deutschen aus Rumänien.*
- *Das Deutsche Staatstheater Temeswar müßte in Zukunft seine Tätigkeit wegen Schauspielermangel einschränken, weil an der Theaterhochschule in Bukarest die deutsche Schauspielklasse aufgelöst wurde.*
- *An der Germanistik im Rahmen der Philologischen Fakultät Temeswar unterrichteten nur noch schlecht ausgebildete Lehrkräfte deutsche Sprache und Literatur.*

Diese Behauptungen von Horst Samson, heißt es weiter, *wurden durch Argumente und konkrete Beispiele bekämpft und der Beweis erbracht, daß sie irreal sind, und daß für einige Situationen und Fälle sie die Hauptschuldigen sind, verursacht durch ihre Tätigkeit, Haltung und ihr Benehmen, das sie an den Tag legen. Es wurde ihnen gleichzeitig bewiesen, welcher Rechte und Freiheiten sie sich erfreuen dürfen, welche Möglichkeiten der Selbstverwirklichung ihnen offen stehen, sowohl ihnen als auch allen mitwohnenden Nationalitäten unseres Landes.*

Durch die Art und Weise wie die Diskussion mit diesen Elementen organisiert wurde, durch die Zusammensetzung unseres Kollektivs, gelang es, ihre Behauptungen anhand konkreter Beispiele aus ihren Schriften zu bekämpfen und ihre Tätigkeit zu entlarven, sie gerieten in eine unangenehme Situation und mußten schließlich zugeben, daß ihnen Entgleisungen und Fehler unterlaufen sind, sie führten an, nicht ausschließlich unter diesem Aspekt beurteilt zu werden.

Sie wurden darauf hingewiesen, ihre Tätigkeit zu korrigieren, andernfalls würden auch andere Maßnahmen gegen sie ergriffen werden, einschließlich Strafverfahren. Sie wurden gleichzeitig darauf hingewiesen, mit der Schriftstellervereinigung zusammen zu arbeiten, ihre Tätigkeit in diesem Rahmen zu entfalten, die notwendigen Genehmigungen der kompetenten Organe einzuholen, ihre Tätigkeit, das Verfassen und Veröffentlichen tendenziöser und interpretierbarer Arbeiten, zu unterlassen.

Von unserer Seite, heißt es abschließend, *wurde die informative Arbeit im Umfeld dieser Personen intensiviert, um jedwede feindselige*

Tätigkeit zu erkennen und zu vereiteln, die gewonnenen Daten und Erkenntnisse werden umgehend mitgeteilt.[107] Natürlich versuchte die Securitate aus Temeswar in ihrem Bericht nach Bukarest die Audienz als Erfolg ihrer Tätigkeit darzustellen. Der Bericht verdeutlicht aber, daß es uns damals nicht nur um den „Fall Frauendorfer" ging, sondern grundlegende Probleme zur Sprache kamen, wir uns nicht hatten einschüchtern lassen, obwohl massive Drohungen ausgesprochen wurden. Ich erinnere mich, daß Oberst Cristescu zu Propagandasekretär Florescu sagte, daß er uns alle erschießen würde, ginge es nach ihm. Und der meinte auf die Frage, warum die Sendung des Studentenfunks in deutscher Sprache aufgelöst wurde, daß ja auch die arabischen Gaststudenten eine Sendung für sich reklamieren könnten, ginge es nach unseren Vorstellungen.

Sie wurden gleichzeitig darauf hingewiesen, mit der Schriftstellervereinigung zusammen zu arbeiten, heißt es im Bericht nach Bukarest, der aber verschweigt, daß der Literaturkreis, nachdem Günter Herburger in Temeswar nicht lesen durfte, aufgelöst worden war, und nun mit allen Mitteln versucht wurde, ihn wieder zu beleben.

In Abwesenheit des Vorsitzenden Nikolaus Berwanger, beschloß der Vorstand, dem noch Horst Samson, William Totok, Eduard Schneider, Franz Liebhard[108] als Ehrenvorsitzender und ich angehörten, einstimmig die Auflösung des Literaturkreises, der seine Tätigkeit in der Saison 1984/1985 nicht aufnahm.

Auf den Brief an das Kreisparteikomitee geht die Mitteilungsanalyse zum Informativen Vorgang „Luca" vom 30.01.1985 ein, bezeichnet ihn als *kollektive Eingabe* und nennt die Unterzeichner, aus dem Bericht nach Bukarest sind Passagen übernommen, wie: *Sie gerieren sich als Vertreter der Deutschen des Kreises Temesch und unterstellen, daß ihnen seitens unserer Organe Schwierigkeiten in ihrer schriftstellerischen Tätigkeit gemacht werden.*

---

107 Während der gesamten Zeitspanne war Berwanger in der Bundesrepublik Deutschland, von wo er nicht mehr zurückkehren sollte. Darüber, wie er sich hinsichtlich unseres Protestbriefes verhalten hätte, kann nur spekuliert werden.
108 D.i. Robert Reiter (1899-1989), der als Expressionist in ungarischer Sprache debütierte, später deutsch schrieb. 1949 legte er sich das Pseudonym Franz Liebhard zu, verfaßte auch stalinistische Gedichte, war der erste Dramaturg des 1953 gegründeten Deutschen Staatstheaters Temeswar.

Lippet Johann, fährt die Mitteilungsanalyse fort, *ist der Initiator von Gesprächen mit einigen dieser Elementen und hat beispielsweise Totok, der von der NBZ entlassen wurde, geraten, wie er sich verhalten soll.*[109]

Im Januar 1985 wurden alle Sendungen von Radio Temeswar eingestellt, zudem die Sendungen in deutscher und ungarischer Sprache des Fernsehens, die deutsche und ungarische Abteilung des „Facla" Verlages aus Temeswar wurde aufgelöst. *Diese Maßnahmen*, heißt es in der Mitteilungsanalyse, *kommentiert das Zielobjekt negativ.* Und weiter: *Wir wurden informiert, daß Lippet Johann Radio „Freies Europa"*[110] *hört und andere Elemente aus seinem Umfeld über die Sendungen informiert, daß er verdächtige Beziehungen zu Ausländern hat. Desgleichen hatte er Kenntnis von einer tendenziösen Inszenierung der deutschen Theatergruppe des Studentenkulturhauses, deren Aufführung verhindert werden konnte.* Hierzu Oberstleutnant Pădurariu in einer Anmerkung: *Das Stück wurde von Lippet vorgeschlagen, der auch an Proben teilnahm, die Aufführung wurde aber nicht verboten.*

Hinsichtlich meiner Absicht auszuwandern, wird festgehalten, daß keine Erkenntnisse vorliegen, wohl aber darüber, daß meine in der Bundesrepublik lebenden Schwestern durch Eingaben die Auswanderung meiner Mutter und meiner dritten Schwester bewirken wollen.

Diese Erkenntnisse hat die Securitate aus jenem Brief meiner Schwester, der beschlagnahmt wurde, und ihre Informationen über die Absicht, die Inszenierung der Studententheatergruppe zu verbieten, aus einem abgehörten Telefongespräch[111], als mich

---

109 1982 war es Berwanger gelungen, Totok anzustellen. Da Berwanger in der Bundesrepublik geblieben war, hatte Totok keinen Fürsprecher mehr und wurde auf Anordnung der Parteiorgane entlassen. Der neu eingesetzte Chefredakteur, bis dahin Stellvertretender Chefradakteur, der Totok entlassen hatte, blieb noch im selben Jahr, 1985, nach einer Reise in der Bundesrepublik.

110 Der Sender „Free Europe" aus München, von den USA finanziert, strahlte Sendungen in allen Sprachen Osteuropas aus, dabei spielte, neben Politik und Kultur, Musik eine wichtige Rolle. Die Sendung in rumänischer Sprache, von Exilrumänen gestaltet, war dem Ceaușescu-Regime vor allem wegen der politischen Kommentare ein Dorn im Auge, es kam zu Mordanschlägen auf Redakteure.

111 Seit 27.10.1984 wurde mein Telefon abgehört.

am 26.11.1984 die Leiterin der Gruppe, die Studentin Siegrun Jäger, anrief und mir mitteilte, daß die Inszenierung[112] verboten werden soll, woraufhin wir uns im Studentenkulturhaus trafen.
Und die wichtigste Information für die Securitate, die in dieser Mitteilungsanalyse Erwähnung findet, bezieht sich auf meine Absicht, ein Buch zu veröffentlichen. Diese Information hat man ebenfalls aus einem abgehörten Telefongespräch, es ist das erste, datiert auf den 30.10.1984.
Horst Samson war von einer Reise nach Klausenburg zurückgekehrt, ich hatte ihn gebeten, Franz Hodjak[113] zu fragen, ob die Möglichkeit bestünde, einen Prosaband zu veröffentlichen. Samson teilte mir in jenem Telefongespräch mit, daß Hodjak sehr interessiert wäre, eine Veröffentlichung aber erst 1986 in Frage käme, der Band könnte auch umfangreich sein, durchaus 300 Seiten.
Im Maßnahmenplan zur Mitteilungsanalyse vom 30.01.1985, sechs Punkte, erhalten die Informanten „Dieter" und „Robert" ihre bekannten Aufgaben, weiterhin Informationen zu liefern: wie ich meinen Dienstpflichten nachkomme, welche Stücke ich zur Inszenierung vorschlage, ob die Stücke einen feindseligen Inhalt haben, von wem ich besucht werde, mit wem ich spreche und worüber.
Über die bereits existierenden technisch-operativen Mittel sollen weiterhin meine Telefongespräche aufgezeichnet und ausgewertet werden, die Installierung neuer Abhörmöglichkeiten wird in

---

112 Es handelt sich um das Stück „Taumel" des rumäniendeutschen Autors Helmut Britz, die Handlung der Groteske spielt auf einer Hühnerfarm. Das Stück kam im Dezember 1984 im Rahmen des Studentenfestivals zur Aufführung, Siegrun Jäger wurde daraufhin am Tag eines Prüfungstermins von Major Adamescu, zuständig für die Hochschule, verhört, ihr wurde gedroht, ihr Studium nicht beenden zu dürfen, sollte sie von feindseligen Tätigkeiten nicht absehen, man wollte von ihr Erklärungen zu Mitgliedern des „Adam Müller-Guttenbrunn" Literaturkreises erpressen, dessen Mitglied sie war, sie selbst hatte Gedichte in Zeitungen und Zeitschriften veröffentlicht. Es ist eines von vielen zusätzlichen Beispielen, wie die Securitate jüngere Autoren einschüchterte und bedrohte, in anderen Fällen war es ihr gelungen, jüngere Autoren als Informanten zu verpflichten, wie aus den Unterlagen von Richard Wagner und Horst Samson ersichtlich wurde.
113 Franz Hodjak, Schriftsteller, Lektor beim „Dacia" Verlag in Klausenburg. Ursprünglich wollte ich den Prosaband im Kriterion Verlag, Bukarest, veröffentlichen, doch Rolf Bossert war nach der Stellung eines Ausreiseantrags als Lektor gefeuert worden.

Erwägung gezogen, meine Verbindungen im In- und Ausland sollen laufend überprüft, neue Quellen aktiviert werden.

Hinsichtlich meiner Absicht ein Buch zu veröffentlichen, soll *die Möglichkeit der Überprüfung des Manuskripts bei den Verlagen eingeleitet und in Erfahrung gebracht werden, wer die Personen sind, die eine Veröffentlichung unterstützen.* Im letzen Punkt des Maßnahmenplans heißt es: *In Anbetracht der Haltung von Lippet Johann in Gesprächen, die er mit feindseligen Elementen führt, ist zu analysieren, ob es angebracht wäre, ihn im Beisein der Theaterleitung über seine Tätigkeit und seine Gespräche zur Rechenschaft zu ziehen.*[114]

Diese Maßnahmen reichen Oberstleutnant Pădurariu nicht und er schlägt weitere fünf vor. *Die Personen identifizieren und bearbeiten, mit denen das Zielobjekt feindselige Diskussionen führt,* und es werden die Namen der Personen aus dem Theater angeführt, mit denen ich von zu Hause aus telefonierte. *Die Maßnahmen zur Gewinnung einer Quelle mit konkreteren Möglichkeiten sind weiterhin zu verfolgen; es ist zu überprüfen, ob das Zielobjekt die Theatergruppe der Studenten noch immer betreut, dazu die Unterstützung von Major Adamsecu anfordern; die Möglichkeit der Installierung technisch-operativer Mittel vom Typ I. D. M. in der Wohnung und am Arbeitsplatz überprüfen; die Frau des Zielobjekts am Arbeitsplatz einer informativen Überprüfung unterziehen.*

Die Analysemitteilung wurde am 30.01.1985 von Oberleutnant Beletescu verfaßt, wird am 19.02.1985 von Oberstleutnant Pădurariu mit den Anmerkungen versehen, ist von einem anderen Securitate-Offizier, Name unleserlich, ohne Angabe des Rangs, unterzeichnet und gutgeheißen, am 21.02.1985 wird die Mitteilungsanalyse noch einmal mit einer Unterschrift, unleserlich, ohne Angabe des Rangs, abgesegnet.

---

114 Zu dieser Maßnahme im Rahmen einer „positiven Beeinflussung", Maßreglung, kam es nicht, man hätte mir auch mit meiner Entlassung drohen können. Auch als ich Ende März 1986 meinen Ausreiseantrag stellte, wurde ich nicht entlassen und blieb bis zum 1. April 1987, als ich meine Demission einreichte, am Theater. Natürlich hätte ich auf Druck der Securitate entlassen werden können, man wollte aber Aufsehen vermeiden, wie aus Maßnahmenplänen hervorgeht.

5. Wesen des Inhalts

Ein neuer Informant tritt auf den Plan, „Petrică", und ein neuer Securitate-Offizier, Oberstleutnant Balogi. Der Informant verfaßt seine Mitteilungen unter der Kennziffer 22843, seine erste zu meiner Person, 2.04.1985, trägt die fortlaufende Nummer 252, die letzte die Nummer 287 und stammt vom 3.03.1987, in allen Mitteilungen fällt das schlechte Rumänisch des Informanten auf.

In einer Anmerkung zur ersten Mitteilung von „Petrică" heißt es: *Sie wurde in Hinblick auf die österreichische Herkunft von Lippet gemacht, das wird überprüft und dann Maßnahmen ergriffen.* Der Informant macht eingangs Angaben zu meiner Person, schätzt mein Alter ein, und stellt die unzutreffende Behauptung auf, daß ich durch meine Geburt in Österreich eigentlich österreichischer Staatsbürger bin.[115] Zu meiner schriftstellerischen Tätigkeit heißt es: *Schreibt Novellen und Gedichte, erhielt zweimal den Preis des Literaturkreises „Adam Müller-Guttenbrunn"*[116]*, ist hier Mitglied, nicht aber Mitglied des Rumänischen Schriftstellerverbandes, weil er gemeinsam mit anderen zugunsten von Frauendorfer gegen die Organe der Staatssicherheit protestiert hat.*

Am 14.05.1985 macht Informant „Robert" Mitteilung an Oberleutnant Beletescu über die Geburtstagsfeier einer Kollegin im Thea-

---

115 Die Bürger Rumäniens nutzten alle sich ihnen bietenden Möglichkeiten, um das Land zu verlassen. Personen, die in den USA geboren waren, während Arbeitsaufenthalte der Eltern in den ersten Jahrzehnten des Jahrhunderts beispielsweise, beriefen sich auf die amerikanische Verfassung, sie waren laut jus soli, lateinisch wörtlich Bodenrecht, amerikanische Staatsbürger, und versuchten es auf diesem Wege.
116 1980 erhielt ich den Förderpreis für Prosa, 1983 den Preis für Lyrik.

ter, zählt die Namen der anwesenden Personen auf und berichtet, was er bei dieser Feier mit den Kollegen erfuhr: *Johann Lippet schickte per Einschreiben das Manuskript eines Prosabandes an den „Dacia" Verlag in Klausenburg, zum Inhalt äußerte er sich nicht, meinte aber, daß es eine Überraschung sein wird.* Die von Oberleutnant Beletescu vorgeschlagene Maßnahme wird von Oberstleutnant Pădurariu gut geheißen: *Verbindung zum Kreisinspektorat des Innenministeriums aus Klausenburg aufnehmen, um den Inhalt der Prosaarbeit zu überprüfen.*

Die Mitteilung vom 18.05.1985 ist die letzte des Informanten „Dieter", die im Dossier dokumentiert ist. Er berichtet über meine Bemühungen zur Repertoiregestaltung: daß ich dem Leitungsrat[117] des Theaters gute Vorschläge unterbreite, mich für das Theater einsetze.

Daraufhin berichtet er von einem Besuch bei mir zu Hause, wo wir uns ein Fußballspiel, vom jugoslawischen Fernsehen übertragen, anschauten und hält fest, daß auch Wagner, Samson und Totok zugegen waren. Zu Totok heißt es, daß dieser bei seinem Eintreffen gerade im Weggehen begriffen war, ihn aber noch davon unterrichtete, daß ihm eine Stelle als Lehrer angeboten wurde, er aber nicht annehmen wird, daß er nach dem Wegbleiben von Berwanger mit seiner Entlassung von der Zeitung gerechnet hatte.

Oberleutnant Beletescu erteilt seinem Informanten die üblichen Aufgaben, Oberstleutnant Pădurariu liefert in seinen Anmerkungen eine Einschätzung des Informanten, darin heißt es: *Es ist zu beobachten, daß „Dieter", obwohl er Kontakte zu diesen Elementen hat, keine von ihren feindseligen Einstellungen erwähnt und Lippet in einem guten Licht erscheinen läßt. Es muß geklärt werden, welches die Ursache für diese Haltung des Informanten ist.*

In einer Mitteilung vom 6.06.1985 berichtet „Ionescu" Oberleutnant Beletescu von einer Begegnung mit der Bühnenbildnerin des Theaters, geht ausführlich auf deren familiäre Situation ein und weist darauf hin, daß sie aus Temeswar wegziehen wird. *Lippet Ioan vom Deutschen Theater drängt darauf, in die Wohnung einzu-*

---

117 Dazu gehörten: Intendant, technischer Direktor, Chefbuchhalter, Parteisekretär, Gewerkschaftsvorsitzender, Regisseur, Vertreter des Schauspielerensembles, Dramaturg. Der Leitungsrat traf sich zu regelmäßigen Sitzungen.

ziehen. Als Maßnahme wird die Installierung technisch-operativer Mittel in dieser Wohnung erwogen.

Ein Jahr nach Erscheinen meines Gedichtbandes „so war's im mai so ist es", liefert Informant „Karina", es ist ihr 52. Bericht, am 21.06.1985 Oberleutnant Beletescu 22 Übersetzungen von den insgesamt 58 Gedichten des Bandes. Die Übersetzungen, Handschrift, 15 Seiten, sind als Mitteilung bezeichnet, enthalten auch den jeweiligen Titel im Original, keine Stellungnahmen des Informanten oder Anmerkungen der Securitate, bloß Unterstreichungen, bei einigen der übersetzten Gedichte sind sämtliche Zeilen unterstrichen.

Obwohl der Securitate die Übersetzung der ursprünglichen Fassung des Gedichtes „gewesener selbstmordgang der familie" durch Informant „Walter", einschließlich Kommentar, seit 1973 vorliegt, wurde das Gedicht noch einmal in der Fassung übersetzt, in der es in der NL 4/1974, der Aufstellung der „Aktionsgruppe Banat", erschien. Die Gedichte „versuch einer diagnose", „im zimmer sitzend. auf den frühling wartend" und „montag. am morgen", wurden ebenfalls noch einmal übersetzt, obwohl das erste Gedicht in der Übersetzung des Informanten „Barbu" von 1981 vorliegt, einschließlich Kommentar, die beiden anderen in der Übersetzung des Informanten „Voicu" von 1982, ebenfalls einschließlich Kommentar.

„Robert" bringt seinen Führungsoffizier am 4.10.1985 auf den neuesten Stand der Dinge, die jener bestimmt schon kennt: daß ich nicht umziehen werde, der Literaturkreis „Adam Müller-Guttenbrunn" seine Tätigkeit wahrscheinlich noch in diesem Monat wieder aufnehmen wird[118]. Zudem will er aus einem Gespräch mit einem Kollegen erfahren haben, daß ich auswandern will. Oberleutnant Beletescu erteilt seinem Informanten die üblichen Aufga-

---

118 Die Wiederbelebung des Literaturkreises war von der Partei- und Kulturbehörde zur höchsten Priorität erklärt worden, was unter den gegebenen Umständen erst nach einer Pause von einem Jahr mit einem neuen Vorstand gelang. Es wurden auch wieder die Preise des Literaturkreises verliehen, in der Saison 1985/1986 allerdings nicht für Literatur, sondern für Literaturgeschichte bzw. Volkskunde, die letzte Preisverleihung fand 1990 statt.

ben, sein Vorgesetzter äußert in einer Randbemerkung seinen Unmut: *Zur Tätigkeit von Lippet wird viel zu allgemein berichtet.*

Auf die Wiederaufnahme der Sitzungen des Literaturkreises im Zoltán-Franyò- Haus[119] bezieht sich die Mitteilung von „Petrică" vom 5.11.1985 an seinen Führungsoffizier Balogi. Der Informant berichtet, daß er an der Eröffnungssitzung nicht teilnahm, da er verreist war, in den nächsten Tagen aber nachfragte, ob jemand aus der jüngeren Generation der deutschen Schriftsteller an der Sitzung teilgenommen hat, weil keiner von ihnen in den Pressemitteilungen namentlich erwähnt wurde. Abschließend heißt es: *Darauf angesprochen, sagte Lippet bloß, daß er nicht mehr teilnimmt, ohne einen Grund zu nennen.*

Mitteilung wird an Dienststelle I/A weitergeleitet, wo die deutschen Schriftsteller unter Beobachtung stehen, merkt der Führungsoffizier an und erteilt seinem Informanten die Aufgabe: *Herausfinden, warum Lippet nicht an den Sitzungen des Literaturkreises teilnimmt.*

Am 29.11.1985 berichtet Informant „Ionescu" Oberleutnant Beletescu von einem Gespräch mit mir. *Als ich Genannten am Theatereingang traf, fragte ich ihn, wie es ihm so gehe, und er erzählte mir, daß er die Delegation der Bühnen der Stadt Gera[120] erwarte. Auf meine Frage, ob es den Gästen bei uns gefalle, meinte er, daß die sich nun auch ein Bild über die Lage machen könnten, der Zweck des Besuchs wäre, die partnerschaftliche Beziehung der beiden Bühnen wieder aufzunehmen. Über den Besuch der Delegation erschien in der Zeitung ein Artikel, von Eduard Schneider verfaßt, in dem es in Anfüh-*

---

119 Zóltan Franyò (1887-1978), ungarischer Schriftsteller, Übersetzer, Essayist, Lyriker. Sein Wohnhaus, im Besitz der Schriftstellervereinigung Temeswar, war renoviert worden, hier hielt der ungarische Literaturkreis seine Sitzungen ab, die Verlegung der Neueröffnung des deutschen Literaturkreises hierher war symbolträchtig.
120 Es handelt sich um den Besuch des Intendanten der Bühnen der Stadt Gera (DDR) und dem Leiter des Schauspiels. Mit Gera pflegte das Deutsche Staatstheater Temeswar seit den siebziger Jahren eine Partnerschaft, die letzte Tournee des Theaters in die DDR hatte 1981 stattgefunden. Der ehemalige Intendant des Theaters, setzte sich, wie bereits erwähnt, 1983 in die Bundesrepublik ab, daraufhin waren die Beziehungen der beiden Bühnen völlig abgebrochen. Zu einer Wiederaufnahme der Partnerschaft kam es nicht, die Gäste wurden wohl beim Komitee für Kultur und sozialistische Erziehung des Kreises empfangen, nicht aber beim Kreisparteikomitee und reisten unverrichteter Dinge ab.

rungszeichen heißt, daß beide Seiten mit einer Einladung für eine Tournee, nach Temeswar oder Gera, einverstanden wären. Über den Besuch der Gäste aus Gera gibt es zur Mitteilung keinen Kommentar seitens der Securitate.

Informant „Petrică" geht es in der Mitteilung an seinen Führungsoffizier vom 3.12.1985 wieder mal um den Literaturkreis, den wir jüngere Schriftsteller, er nennt die bekannten Namen, nicht besuchten, *weil sie sich darauf berufen, daß die Teilnahme jedem freigestellt ist.*

Von Wagner und Müller weiß der Informant zu berichten, daß sie ihre Ausreise beantragt haben, von Totok, daß ihm eine Reise ins Ausland verweigert wurde. *Die Mitteilung wird an Dienststelle I/A weitergeleitet,* vermerkt der Führungsoffizier, und beauftragt seine Quelle, ihm über ein Mitglied des Ensembles, der Name wird genannt, zu berichten.

Auch die kurze Mitteilung des Informanten „Robert" vom 12.12.1985 bezieht sich auf den Literaturkreis: daß ich nicht teilnehme, er aber nicht in Erfahrung bringen konnte, warum. Im weiteren informiert er Oberleutnant Beletescu, daß es in meinen Gesprächen mit Kollegen ausschließlich um dienstliche Probleme geht, ich meinen Dienstpflichten nachkomme, mich mit der Theaterleitung gut verstehe, daß keine weiteren Veröffentlichungen von mir erschienen sind.

Der Führungsoffizier erteilt seinem Informanten dennoch den Auftrag, sich über den Inhalt einer eventuellen Veröffentlichung zu erkundigen und wo das Buch erscheinen soll. *Konkretere Maßnahmen, um seine Tätigkeit zu kennen, das Netz effektiver einsetzen, die technisch-operativen Mittel am Arbeitsplatz, in der Wohnung usw.,* fordert Oberstleutnant Pădurariu in einer Anmerkung.

Die Mitteilungsanalyse vom 30.12.1985 faßt die bisherigen Erkenntnisse und Informationen zusammen und stellt einen Maßnahmenplan, sieben Punkte, bis zum 31.03.1986 auf.

Hier wird eingangs festgehalten, daß ich weiterhin mit den jungen deutschen Schriftstellern aus Temeswar in Verbindung stehe, Müller, Wagner, Totok, Samson, Frauendorfer werden genannt, und mit anderen Schriftstellern aus Bukarest und Klausenburg, ohne

Namen zu nennen. *Frauendorfer wohnt in Pitești*[121] korrigiert Oberstleutnant Pădurariu den Verfasser des Analysenberichts, Oberleutnant Beletescu, in einer Randnotiz.
In seinen Gesprächen mit den Genannten, fährt die Mitteilungsanalyse fort, *geht es um das Kennenlernen der jeweiligen literarischen Beschäftigung, um Vorhaben, aber in den Gesprächen informieren sie sich auch gegenseitig über die Maßnahmen, die unsere Organe gegen einige von ihnen eingeleitet haben.* Es wird darauf hingewiesen, daß ich die Wiederaufnahme der Tätigkeit des Literaturkreises unangemessen kommentiere. Auch andere Aspekte finden Erwähnung: daß ich an den Sitzungen des Literaturkreises nicht teilnehme, nichts mehr veröffentlicht habe, aber weiterhin schreibe, daß ich nicht umziehen werde, mich zu meiner Ausreise nicht geäußert habe.
Um das Veröffentlichen von tendenziösen und interpretierbaren Werken zu unterbinden, aber auch um andere feindseligen Tätigkeiten zu vereiteln, heißt es, *werden folgende Maßnahmen ergriffen.* Informant „Robert" soll über meine Arbeit im Theater berichten, worüber und mit wem ich spreche, ob ich von ausländischen Bürgern am Arbeitsplatz besucht werde, desgleichen soll er in Erfahrung bringen, was ich zu veröffentlichen gedenke und bei welchem Verlag. Oberstleutnant Pădurariu macht zu dieser Maßnahme eine Anmerkung: *„Robert" kann uns nur Allgemeinheiten liefern.*
Die nächste Maßnahme bezieht sich auf den Einsatz des Informanten „Petrică", der herausfinden soll, ob ich meinen Dienstpflichten nachkomme, woran ich schreibe, welches mein Verhältnis zu den anderen deutschsprachigen Autoren ist. Auch der Einsatz anderer Quellen, mit näherem Zugang, wird vorgeschlagen. Dazu gibt es eine Anmerkung, Unterschrift unleserlich, ohne Nennung des Rangs: *Wer sind diese Quellen?*
Zu weiteren Maßnahmen. Die Installierung technisch-operativer Mittel am Arbeitsplatz wird vorgeschlagen, das war offensichtlich noch immer nicht geschehen, das Abhören meines Telefons wird fortgeführt, um zu erfahren, welche Haltung ich meinen Gesprächspartnern gegenüber vertrete. Desgleichen sollen alle mei-

---

121 Er war hier als Lehrer zugeteilt worden.

ne Verbindungen im Inland und Ausland festgestellt werden, über die zur Verfügung stehenden Möglichkeiten oder deren Einleitung, der Inhalt meiner Manuskripte soll in den Verlagen geprüft und in Erfahrung gebracht werden, welche Personen mich bei der Veröffentlichung unterstützen. Man will sich über meine Reisen nach Bukarest oder in andere Ortschaften informieren, über deren Zweck, ob ich an Veranstaltungen teilnehme und welche Meinungen ich äußere. Über meine Frau sollen an ihrem Arbeitsplatz Informationen zu ihrer Tätigkeit als Lehrerin gesammelt werden, *über ihre Haltung und Einstellung*, heißt es im letzten Punkt des Maßnahmenplans.

Obwohl zu Beginn der Mitteilungsanalyse darauf hingewiesen wird, daß ich den geplanten Wohnungstausch nicht vornehmen werde, ordnet Oberstleutnant Pădurariu an: *Verfolgen, wohin er umziehen will, um die speziellen Mittel rechtzeitig installieren zu können.*

In seiner Mitteilung vom 21.02.1986 berichtet Informant „Robert" Oberleutnant Beletescu über den Stand der Dinge zur Veröffentlichung meines Buches im „Dacia" Verlag, Klausenburg.

Da ich wußte, daß oben Genannter ein Manuskript an den Verlag geschickt hatte, fragte ich ihn, wie es um das Erscheinen des Buches bestellt sei, worauf er mir antwortete, daß es nicht veröffentlicht werden wird, er sein Manuskript zurückfordern will. Über die Gründe sagte er nichts, auch nichts über den Inhalt des Buches.

In seiner Anmerkung zur Mitteilung weist der Führungsoffizier darauf hin: *Von Seiten unserer Organe wurden Maßnahmen im „Dacia" Verlag, Klausenburg, ergriffen, um die Veröffentlichung zu verhindern.* Zu Aufgaben der Quelle heißt es: *Uns über den Inhalt des Buches informieren und darüber, ob es in einem anderen Verlag oder im Ausland veröffentlicht werden soll.*

Tatsache ist, daß ich mich mit dem Lektor des Verlags, Franz Hodjak, über das Schicksal meines Manuskripts nicht ausgetauscht hatte, weder brieflich und schon gar nicht telefonisch, aus nachvollziehbaren Gründen. Mit der Stellung meines Ausreiseantrages Ende März 1986 aber teilte ich ihm in einem Brief mit, weshalb sich eine Veröffentlichung erledigt hat, und bat um die Rücksendung meines Manuskripts. Ich erhielt es, in grobes, dickes Papier verpackt und verschnürt, Absender: der Stempel einer Postfiliale aus Bukarest. Das Manuskript muß auf seinem Rückweg abgefangen worden sein, landete bei der Securitate in Bukarest, wo wahrscheinlich eine Kopie gemacht wurde, vielleicht hat man es sogar gelesen.

Es sei noch darauf hingewiesen, daß in der NL5/1985 Auszüge, 14 Seiten, aus meiner umfangreichen Erzählung „Die Falten im Gesicht" erschienen, die von Seiten der Securitate in den mir vorliegenden Dokumenten keine Erwähnung findet, auch von einem Informanten wird nicht darauf hingewiesen, es liegt keine Übersetzung vor. Die Erzählungen „Der Totengräber", „Anton Baumgartner, der Mittelpunkt der Welt" und „Die Falten im Gesicht" hatte ich an den Verlag geschickt, fast 300 Manuskriptseiten, die beiden ersten Erzählungen hatte die Securitate intensiv beschäftigt und sie wollte, wie aus den Maßnahmenplänen ersichtlich, eine Veröffentlichung verhindern.

Mit der Stellung meines Ausreiseantrags hatte sich die Sache sowieso erledigt, und die Securitate wartete nur darauf, mich beim Versuch zu erwischen, das Manuskript ins Ausland zu schmuggeln. Es einem Kurier, einem Besucher aus der Bundesrepublik, anzuvertrauen, hätte bedeutet, daß dieser einverstanden gewesen wäre, eine große Gefahr auf sich zu nehmen, das Manuskript einfach über die Post zu verschicken, war undenkbar. Das Schicksal des Manuskripts schien besiegelt, denn auch die Möglichkeit, es bei einer Vertrauensperson zu hinterlassen, hätte bedeutet, den Aufbewahrer in Gefahr zu bringen.

Der Zufall wollte es, daß die ehemalige Souffleuse des Theaters, die ausgewandert war, mich besuchte und sich bereit erklärte, das Manuskript mitzunehmen, trotz der Gefahr[122]. So gelangte das Manuskript nach Deutschland, 1991 erschien „Anton Baumgart-

---

[122] Bis dahin hatte ich noch nie ein Manuskript ins Ausland verschickt, auch nicht an Zeitschriften, obwohl die Securitate das annahm. Was an Gedichten in Zeitschriften bzw. Anthologien erschien, stammte aus Veröffentlichungen in Rumänien. Am 6. Januar 1987 verschickte ich zum ersten Mal Gedichte in die Bundesrepublik Deutschland, an die Schriftstellerin Ursula Krechel. Die 30 Gedichte waren, fortlaufend getippt, als Brief getarnt, und der kam tatsächlich an. Einige dieser Gedichte erschienen in meinem Band „Abschied, Laut und Wahrnehmung", Wunderhorn Verlag, Heidelberg 1994.

ner, der Mittelpunkt der Welt" und „Die Falten im Gesicht", als titelgebende Erzählung des Prosabandes, im Verlag Das Wunderhorn, Heidelberg, sechs beziehungsweise sieben Jahre nach Erscheinen von Auszügen daraus in der NL in Rumänien, „Der Totengräber" erschien, mit zusätzlichen Passagen, welche den Umsturz vom Dezember 1989 in Rumänien mit einbeziehen, 1997 im Verlag Das Wunderhorn, 15 Jahre nach Erscheinen in der NL.

Am 7.03.1986 berichtet Informant „Robert" seinem Führungsoffizier von einem Gespräch, bei dem er zugegen war. *Es wurde von einem Kollegen gesprochen, der Name wird genannt, der kurz vor der Ausreise steht, beginnt der Informant seinen Bericht. Lippet erzählte in diesem Zusammenhang von seiner Schwester und seinem Schwager, einem Rumänen, die nach der Auswanderung Probleme mit der Zuerkennung der deutschen Staatsbürgerschaft hatten, da die Schwester von Lippet, wie er, in Österreich geboren ist*[123]*, und daß der Schwager anläßlich eines Besuches gesagt hat: „Da mußte sich der Rumäne für die deutsche Staatsbürgerschaft einsetzen!"* Diese Aussage meines Schwagers ist vom Informanten als Zitat angeführt und mit einem Ausrufezeichen versehen, vom Führungsoffizier unterstrichen.

Während des Gesprächs fragte mich Lippet, ob ich wüßte, daß Rolf Bossert gestorben ist, ich sagte, daß ich es nicht wüßte und fragte nach den Umständen. Er erzählte mir, daß Bossert nach seiner Ausreise viele erfolgreiche Lesungen hatte, nach einer dieser Lesungen Selbstmord beging. Auf die Frage, ob Bossert vielleicht bei diesen Lesungen peinliche Fragen gestellt wurden oder ob er unangenehme Äußerungen zu hören bekam, antwortete Lippet, daß Bossert sich so etwas nicht hätte gefallen lassen und den Fragesteller fertig gemacht hätte.

---

123 Wie es dazu kam, siehe Anmerkung 37. Mit dem Rückzug der Besatzungsmächte aus Österreich 1955 wurden die Tausenden Flüchtlinge, die hier als Staatenlose lebten, aufgefordert, die österreichische Staatsbürgerschaft anzunehmen, sich um eine andere Staatsbürgerschaft zu bemühen oder in ihre Herkunftsländer zurückzukehren. Meine Eltern entschlossen sich 1956 nach Rumänien zurückzukehren, hier war 1955 ein Gesetz über die Erleichterung der Repatriierung ehemaliger Flüchtlinge erschienen. Das Bundesvertriebenengesetz sah vor, daß Deutsche, die nach 1953 in ehemalige Vertreibungsgebiete zurückgekehrt waren, nach einer späteren Auswanderung in die Bundesrepublik Deutschland ihren Status als Vertriebene verloren.

Er sagte mir noch, daß er eine Todesanzeige in der Zeitung „Neuer Weg"[124] gelesen hat. Auf meine Frage, was Wagner Richard noch mache, da man in letzter Zeit nichts mehr von ihm hörte, sagte Lippet, daß Wagner demnächst auswandern wird.
Die Mitteilungen des Informanten werden vom Führungsoffizier nicht kommentiert, dieser erteilt ihm die bekannten Aufgaben, Oberstleutnant Pădurariu hingegen bezieht Stellung: *Welche Maßnahmen sollen in diesem Fall ergriffen werden? Eine gründlichere Analyse der Maßnahmen ist vorzulegen in Hinblick auf die Bedeutung des Elements.*
Am 13.03.1986 wird in Bukarest eine Briefsendung abgefangen, deren Inhalt in der Druckvorlage übersetzt, an die Direktion I/A des Kreisinspektorats des Innenministeriums Temesch geschickt wird. Anläßlich des bevorstehenden Osterfestes[125] geschrieben, das 1986 auf den 30. März fiel, interessierte die Securitate natürlich die zusätzliche kurze Mitteilung an einen Verwandten in Deutschland: daß wir, d.h. meine Frau und ich, eine Entscheidung getroffen haben, deren Umsetzung von unseren Eltern abhängt. Es war für die Securitate ein leichtes, den Inhalt zu entziffern, denn auf dem Formular steht in der Rubrik **Wesen des Inhalts**: *Absicht zu emigrieren.*
Den Tag, an dem ich meinen Ausreiseantrag per Post abschickte, hatte ich mir eingeprägt: 1. April 1986. Will man sich dergleichen unbedingt merken, kann der Druck, unter dem man steht, dazu führen, daß leiser Zweifel aufkommt. So erging es mir mit den Jahren, da ich mich fragte, ob ich damals tatsächlich zu meiner Frau sagte, daß es mir wie ein Aprilscherz vorkommt, als ich am Morgen die Wohnung verließ, um zur Arbeit ins Theater zu gehen, den Aus-

---

124 Die deutschsprachige Tageszeitung aus Bukarest. Wir, die Schriftstellerfreunde von Rolf Bossert aus Temeswar, gaben im Anzeigebüro für die Lokalzeitungen der Stadt eine Todesanzeige auf, die in der NBZ erscheinen sollte, das Erscheinen der Todesanzeige wurde verhindert.
125 In Rumänien durfte Ostern offiziell nicht gefeiert werden, die zu diesem Anlaß verschickten Grußkarten waren mit Frühlingsblumenmotiven bedruckt, eine solche Postkarte hatte ich in den Briefumschlag gesteckt. Weihnachtskarten waren im Handel auch nicht erhältlich, sondern nur Postkarten mit Glückwünschen zum Jahreswechsel, die als Weihnachtskarten dienten.

reiseantrag[126] in der Tasche. Und trog mich auch die Erinnerung an jene Szene, an den späten Abend einen Tag davor nicht? Das Formular[127], getippt, vor Jahren besorgt, lag handschriftlich ausgefüllt vor mir auf dem Küchentisch, ich unterschrieb es und setzte das Datum.

Zwei Mitteilungen, auf die wir noch zurückkommen werden, bestätigen mir, daß mich meine Erinnerung nicht trog. In der vom 3.04.1986 wird festgehalten: *Hat Ende März die Ausreise beantragt.* In der Mitteilungssynthese vom 29.04.1986 wird das Datum der Stellung meines Ausreiseantrags in einer Anmerkung genannt: 31.03.1986.

Zurück zur Chronologie. Das nächste Dokument mit dem Briefkopf, Kreisinspektorat Temesch des Innenministeriums, Dienst I/A, trägt die Überschrift *Synthesemitteilung,* keine weitere Quellenangabe, bloß das Datum der Redigierung, 21.03.1986. In das Dokument, 4 Seiten getippt, verfaßt ein Tag nach jenem nächtlichen Anruf, ist mein Name und die Namen meiner Schriftstellerkollegen aus Temeswar, Totok, Müller, Wagner, Samson, Frauendorfer, in Druckbuchstaben handschriftlich eingetragen.

Im Informativen Vorgang „Luca" wird Genannter Lippet Johann bearbeitet, heißt es eingangs, es folgen die Angaben zu meiner Person. Im weiteren wird auf die Gründe der Eröffnung des Informativen Vorgangs zum 3.05.1982 hingewiesen, sie sind wortwörtlich aus diesem Bericht übernommen, es folgt die Aufzählung aller meiner Veröffentlichungen mit Angabe der Titel, seit 1973, wo erschienen, die Einschätzungen dazu sind wiederum wortwörtlich den existierenden Unterlagen entnommen. Die Synthesemitteilung geht des weiteren darauf ein, daß ich Verbindungen zum deutschen Kultu-

---

126 Diese Anträge verschickte man, wie übrigens alle Briefe an eine Behörde, per Einschreiben mit Rückantwort. Bei Briefen, die an das Innenministerium gerichtet waren, wußte ein Postbeamter natürlich sofort, worum es ging: um einen Ausreiseantrag.

127 Eine Druckvorlage zur Stellung eines Ausreiseantrags gab es nicht. In der Regel besorgte man sich dieses getippte Formular mit Leerzeilen zur Eintragung der Personaldaten, auch eine Auflistung der Verwandten im In- und Ausland gehörte dazu, über Bekannte. Mit dem Verschicken eines solchen Formulars, bekundete man seine Absicht auszuwandern, Tausende dieser Anträge blieben unbeantwortet, aber man war ins Visier der Behörden geraten.

rinstitut aus Bukarest habe, zu Vertretern der Botschaft der Bundesrepublik Deutschland[128], Radio „Freies Europa" höre, daß ich sozial-politische Aspekte feindselig kommentiere. Die Namen meiner Schriftstellerkollegen aus Temeswar werden im Zusammenhang mit meinen Lesungen im Literaturkreis „Adam Müller-Guttenbrunn" genannt und im Zusammenhang mit dem offenen Brief an das Kreisparteikomitee und der Audienz dort im Herbst 1984. Es wird erwähnt, daß ich im Oktober 1985 im Rahmen der „Kulturwoche" der Bundesrepublik in Bukarest gemeinsam mit Herta Müller und Richard Wagner an einer Diskussion beim Schriftstellerverband mit westdeutschen Autoren[129] teilnahm. In der Synthesemitteilung wird abschließend festgehalten, daß zwei meiner Schwestern in die Bundesrepublik ausgewandert sind, dort Eingaben bei den Behörden für die Ausreise meiner Mutter und meiner dritten Schwester gemacht haben, zu meiner Auswanderung aber keine Erkenntnisse vorliegen. Im letzten Satz wird darauf hingewiesen: *Hinsichtlich seiner Arbeit als Dramaturg gibt es keine Reklamationen seitens des Theaters.*

Auf dasselbe Datum, 21.03.1986, ist ein zweites Dokument mit der Überschrift *Personalbogen* datiert, getippt, zwei Seiten, Briefkopf, Kreisinspektorat Temesch des Innenministeriums, Dienst I/A, weitere Quellenangaben: *Operativer Hauptoffizier, Oberleutnant Beletescu Ion*, Unterschrift. Der Personalbogen, mir liegt der Durchschlag vor, beinhaltet biographische Daten zu mir und meiner

---

128 Zu Mitgliedern der Botschaft und zum Kulturinstitut hatte ich keine engeren Kontakte. Zur Botschaft hatte man sowieso keinen Zutritt, ich wurde dort zum ersten Mal im Mai 1987 wegen der Visa für die Einreise in die Bundesrepublik Deutschland vorstellig, damals besuchte ich auch zum ersten Mal das Goethe-Institut in Bukarest.

129 Dazu waren u.a. Friedrich Christian Delius, Helga M. Novak, Ursula Krechel, Guntram Vesper eingeladen. Über die inoffizielle Begegnung, an der auch Rolf Bossert teilnahm, schreibt Guntram Vesper in seinem Vorwort zu dem Gedichtband Bosserts „Auf der Milchstraße wieder kein Licht", der ein halbes Jahr nach dessen Tod, Februar 1986, Frankfurt/Main, im Rotbuch Verlag Berlin erschien: „An jenem Abend im Restaurant București habe ich Rolf Bossert kennengelernt, aus allem, was er sagte, hörte ich die starke Anspannung heraus, unter der er stand. Vor einundhalb Jahren hatte er einen Antrag auf Auswanderung gestellt. Seitdem war ihm jede Veröffentlichung im Land verwehrt. Schon einmal hatte der Securitatedienst Schläger auf ihn losgelassen, jetzt sprach er von seiner Angst, eines Morgens tot im Tümpel vor seinem Haus zu liegen."

Frau, mit Angabe des Arbeitsplatzes[130], der Anschrift, die Namen meiner Familienangehörigen und Verwandten im Ausland[131] werden genannt, die meiner Familienangehörigen, die noch in Rumänien leben, Mutter und Schwester, und darauf hingewiesen, daß sie einen Ausreiseantrag gestellt haben.

Daraufhin folgen Angaben zu meinem Lebenslauf und Arbeitsplatz. *Genannter*, heißt es weiter, *wird von uns wegen Verfassens tendenziöser Schriften, und weil er suspekte Beziehungen zu ausländischen Bürgern hat und zu Diplomaten der Botschaft der Bundesrepublik Deutschland in Bukarest, in einem Informativen Vorgang bearbeitet.*

In der Sozialistischen Republik Rumänien veröffentlichte er Gedichte und Prosa mit tendenziösem und interpretierbarem Inhalt, einige seiner Werke wurden deshalb abgelehnt und nicht veröffentlicht.

Zum Umfeld von Lippet Johann gehören junge Schriftsteller deutscher Nationalität aus Temeswar mit denselben Auffassungen wie: Müller Herta, Wagner Richard, William Totoc, Horst Samson und Frauendorfer Helmut.

Aus unseren Informationen geht hervor, daß Lippet Johann auch Beziehungen zu Gerhardt Csejka und Arnold Hauser[132] aus Bukarest hat und zu anderen hiesigen Schriftstellern, die er anläßlich seiner Reisen nach Bukarest besucht. (Schreibweise der Namen wie im Original)

Abschließend heißt es: *Aus unseren Daten und Informationen geht hervor, daß Lippet Johann weder einen Ausreiseantrag gestellt hat, noch einen Antrag für einen Besucherpaß.*

In der Mitteilung vom 3.04.1986, keine Quellenangabe, nur Datum und Registriernummer, eine Seite getippt, ohne Leerzeilen für handschriftliche Eintragungen, werden eingangs meine persönlichen Daten abgespult und darauf hingewiesen, daß ich tendenziöse literarische Arbeiten veröffentliche und darin auch zur Emigration aufrufe. Dann wird auf meine jahrelange Beziehung zu feind-

---

130 Die Schule, an der meine Frau unterrichtete, ist falsch angegeben.
131 Meine Großmütter väterlicherseits und mütterlicherseits werden in diesem Personalbogen als meine Tanten ausgegeben, zudem war eine Großmutter schon seit zwei Jahrzehnten verstorben.
132 Arnold Hauser (1929-1988), Schriftsteller, jahrelang Stellvertretender Chefredakteur, ab 1984 Chefredakteur der NL.

seligen Elementen hingewiesen, die Namen meiner Temeswarer Schriftstellerkollegen sind angeführt, es wird festgehalten, daß alle einen Ausreiseantrag gestellt haben, daß Samson und Wagner daraufhin aus der Partei ausgeschlossen wurden.[133]

Im Laufe des Monats März 1986, heißt es in der Mitteilung weiter, *sendete das rumänische Programm von Radio „Deutsche Welle" aus der Bundesrepublik über Lippet Johann, Wagner Richard, Müller Herta und Totok William einen Beitrag, in dem behauptet wird, daß sie in ihrer schriftstellerischen Tätigkeit in Rumänien schikaniert und eingeschränkt werden und deshalb auf dem Kongreß des Verbandes deutscher Schriftsteller in den Verband aufgenommen wurden, und daß sie in Zukunft unter dem Schutz oben genannten Verbandes stehen.*[134]

Lippet Johann, heißt es weiter, *hat die Absicht in die Bundesrepublik Deutschland zu emigrieren, er wandte sich zu diesem Zweck Ende März 1986 an die Paßbehörde. Es ist bekannt, daß Lippet Johann von der Schriftstellervereinigung aus Temeswar für die Aufnahme in den Schriftstellerverband der Sozialistischen Republik Rumänien vorgeschlagen wurde, über den Vorschlag soll am 5.04.1986 entschieden werden.*[135] Die Mitteilung, ein Durchschlag, enthält keine Anmerkungen.

Welche Wellen unsere Aufnahme in den VS schlug, verdeutlicht ein Schriftstück, anderthalb Seiten, getippt, das die Überschrift *Bericht* trägt, ohne weitere Quellenangaben. Am Ende des Dokuments steht der Hinweis, *verfaßt laut Bericht,* es folgen zwei Kürzel, dann das Datum, 11.04.1986. Am Anfang steht der handschriftliche Hinweis: *Kopie nach dem Bericht der Direktion I Bukarest.*

Kürzlich, heißt es einleitend, *fand der Kongreß des Verbandes der*

---

133 Auch in meinem Fall war dies der Anlaß für den Ausschluß, es war im Grunde eine formelle Angelegenheit. Ich war bis dahin nicht ausgetreten, weil ich meine Mitgliedschaft in der Partei als Formalität sah, ein Austritt einem Schuldbekenntnis gleichgekommen wäre.

134 Unsere Aufnahme erfolgte im April 1986.

135 Ich hatte meinen Antrag zur Aufnahme in den Verband bereits 1985 zurückgezogen, Müller und Totok ebenfalls. Wagner und Samson, die Mitglieder des Verbandes waren, wurden nach der Stellung ihres Ausreiseantrags aus dem Verband ausgeschlossen, erfuhren über Dritte davon, persönlich benachrichtigt wurden sie nicht.

Schriftsteller aus der Bundesrepublik Deutschland statt. Auf Vorschlag von Paul Schuster[136], westdeutscher Romancier aus Hermannstadt stammend, wurden Herta Müller, Richard Wagner, William Totok und Johann Lippet, junge deutsche Schriftsteller aus dem Kreis Temesch, in den Verband aufgenommen.(Schreibweise der Reihenfolge von Vorname und Name wie im Original) *Als Grund für die Aufnahme der 4 Autoren wird angeführt, daß sie in der Sozialistischen Republik Rumänien nicht mehr veröffentlichen könnten, und weil sie auch Bücher in der Bundesrepublik Deutschland veröffentlichen, wüßten sie sich hier in ihren Rechten als Autoren besser vertreten und geschützt.*[137]

Die genannten Autoren, fährt der Bericht fort, *sind durch ihre nationalistischen*[138] *und feindseligen Einstellungen dem sozial-politischen Regime der Sozialistischen Republik Rumänien gegenüber bekannt, es entspricht nicht der Wahrheit, daß sie im Lande nicht veröffentlichen können, das Gegenteil ist der Fall, veröffentlichen sie doch im Laufe der Jahre in Zeitungen, Zeitschriften und Verlagen.* Der Bericht hält fest, daß Müller und Wagner einen Auseiseantrag gestellt haben, daß *die vier Personen enge Kontakte zu Diplomaten der Botschaft der Bundesrepublik Deutschland in Bukarest pflegen, denen sie ihre Lage und die anderer deutschsprachiger Autoren denaturiert schildern und um Hilfe bei der Emigration bitten.*

Die kürzlich stattgefundene Aktion des Deutschen Schriftstellerver-

---

136 Paul Schuster (1930-2004), Schriftsteller, war bis 1972, als er in den Westen ging, Redakteur der NL. Den Vorschlag zu unserer Aufnahme in den VS machte Ernest Wichner, ehemals Mitglied der „Aktionsgruppe Banat", der 1975 in die Bundesrepublik emigrierte, wie bereits erwähnt, auf der Bundesdelegiertenkonferenz in Westberlin. Unsere Aufnahme war als Schutzmaßnahme gedacht.
137 Bloß Herta Müller und Richard Wagner hatten bis dahin Bücher in der Bundesrepublik veröffentlicht. Herta Müllers Prosaband „Niederungen", veröffentlicht 1982 im Kriterion Verlag, Bukarest, erschien 1984 unzensiert im Rotbuch Verlag, im selben Verlag 1986 die Erzählung „Der Mensch ist ein großer Fasan auf der Welt", Richard Wagner veröffentlichte 1986 den Gedichtband „Rostregen" im Luchterhand Verlag.
138 Zum Vorwurf „nationalistisch": Bereits in den Berichten der Informanten aus den siebziger Jahren heißt es zum Gegenstand der Mitteilungen: nationalistisch/faschistische Elemente. Ich habe wohl den wirtschaftlichen und kulturellen Niedergang anhand von Geschichten aus der mir vertrauten Lebenswelt der Banater Schwaben thematisiert, aber nie von einem „nationalistischen" Standpunkt aus sondern im Kontext der sozial-politischen Gegebenheiten des Landes.

bandes stellt eine neue Form der Einmischung in die inneren Angelegenheiten unseres Landes dar, deshalb müssen energische Gegenmaßnahmen ergriffen werden. In diesem Sinne schlagen wir vor, daß der Schriftstellerverband der Sozialistischen Republik Rumänien und das Außenministerium, durch die ihnen zur Verfügung stehenden Möglichkeiten, sich aktiv an der Bekämpfung und Entlarvung der oben genannten provokatorischen Aktion beteiligen sollten.
Der Schriftstellerverband könnte im Rahmen der Beziehungen zu dem aus der Bundesrepublik Deutschland einen entschiedenen Protest gegen die Aktion einlegen, gleichzeitig die Veröffentlichung von Artikeln in der Presse veranlassen, in denen die reale Situation der 4 Schriftsteller dargestellt wird, die Rechte und Freiheiten, die sie genießen, wie übrigens die gesamte deutsche mitwohnende Nationalität unseres Landes. In diesem Rahmen könnte auch auf den Fall des Schriftstellers Rolf Bossert aus Bukarest eingegangen werden, der im Dezember 1985 in die Bundesrepublik Deutschland emigrierte und im Februar laufenden Jahres Selbstmord beging.
Das Außenministerium hat anhand der rechtlichen Normen, welche die Beziehungen zwischen Staaten regelt, die Möglichkeit, Schritte zu unternehmen, indem es die Botschaft der Bundesrepublik Deutschland in Bukarest darauf hinweist, daß westdeutsche Behörden in Zukunft eine Einmischung in die inneren Angelegenheiten unseres Landes unterlassen sollten, schließt der Bericht.
Als Mitglieder des Verbandes erhielten wir die monatlich erscheinende Zeitschrift „die feder", die mir auch regelmäßig zugestellt wurde. Die Zeitschrift zu beschlagnahmen, traute sich die Securitate nicht, gelesen hat man sie bestimmt.
Unsere Aufnahme in den VS löste innerhalb des Verbandes Diskussionen aus. So nimmt Ingmar Brantsch, der 1970 Rumänien verließ, in einem Leserbrief in Nummer 6/1986 der Zeitschrift „die feder" dazu Stellung. Ihn zu lesen, hat der Securitate bestimmt Genugtuung bereitet, werden wir darin doch als Nutznießer des Regimes entlarvt.

Unredlich und undankbar

Betr.: „Aufnahme in den VS: Johann Lippet, Herta Müller, William Totok und Richard Wagner" – feder 4/86, S.16

Die Aufnahme der vier volksdeutschen Kollegen aus dem rumänischen Banat in den BRD VS wird begründet: *„Diese vier Autoren dürfen in Rumänien kein Wort mehr veröffentlichen; ihre Namen dürfen nicht mehr erwähnt werden. Sie veröffentlichen nun in der BRD und haben mithin einen Anspruch darauf, daß hier auch ihre Rechte als Autoren vertreten werden können."*

Dazu: Natürlich ist es bedauerlich, daß es zu dieser Entfremdung der vier volksdeutschen Schriftsteller und den Behörden ihrer rumänischen Heimat gekommen ist, und eine Hilfe (dabei hätte vielleicht Vermittlung auch eine Hilfe sein können) seitens des VS sollte selbstverständlich sein. Der Satz aber *„Sie veröffentlichen nun in der BRD..."* ist irreführend, da Lippet und Wagner schon 1976, also vor zehn Jahren, in der BRD Texte publizierten (Nachrichten aus Rumänien[139], Olms Presse Hildesheim New-York) und Herta Müller ihren Erzählband *„Niederungen"*, der zuerst in Rumänien erschienen war, ebenfalls schon 1974[140] im Rotbuch-Verlag West-Berlin herausbrachte und dafür dann vielfach ausgezeichnet wurde im Westen (Preis des ZDF, Rauriser Literaturpreis, Buch des Monats etc.), allerdings erst nachdem sie den Debütpreis des rumänischen VS erhalten hatte.

Als diese Autoren im Westen zu veröffentlichen begannen, waren sie keine Waisenkinder Rumäniens, sondern Lieblingskinder des rumänischen VS, der sie reichlich mit Preisen bedachte. Lippet und Wagner sind Preisträger des Kommunistischen Jugendverbandes Rumäniens[141], Wagner erhielt dazu auch noch 1980 den Lyrik-Preis des rumänischen VS (nachzulesen selbst im bundesdeutschen Kürschner 1984). Totok allein hatte es wesentlich schwieriger, von dem ist dafür auch am wenigsten die Rede.

---

139 Hrsg. Heinrich Stiehler, Romanist aus der BRD. Von mir sind darin zwei Gedichte aufgenommen „gewesener selbstmordgang der familie" und „Don Quijote Sancha Panza und ich" aus der NL 4/1974.
140 Der Band erschien 1984, siehe Anmerkung 137.
141 Ich erhielt diesen Preis nicht.

Besonders befremdlich wirkte auch die den beiden Begründungen folgende Erklärungsklammer: *"Als Material zu diesem Antrag wurde zusätzlich beschlossen: Der Bundesvorstand wird beauftragt, sich mit dem Bundeskanzleramt und dem Außenministerium in Verbindung zu setzen."* Nicht aber mit dem rumänischen Schriftstellerverband, dessen Mitglieder meines Wissens sie noch immer sind, zumindest aber waren.[142] Reine Politik – nichts Literarisches mehr? Ist beim BRD VS der rumänische VS noch nicht einmal eine Anfrage wert? Schöne Solidarität der „Schreibenden" hier bei uns! Doch die einseitige Berichterstattung geht weiter. Auf der Mitgliederversammlung des VS NRW vom 19. April 1986 behandelte der Vorsitzende des VS NRW, Volker W. Degener, in seinem Bericht ebenfalls diese vier Fälle und erläuterte: *"Rumäniendeutsche leiden besonders stark unter der Isolierung und Verfolgung."* Eine glatte Verdrehung der Tatsachen. Die Rumäniendeutschen haben selbst heute noch, nach der „Massenauswanderung in die BRD" seit 1979, die besten kulturellen Möglichkeiten von allen deutschen Volksgruppen auf der ganzen Welt (dafür sind sie dann aber auch mitunter besonders unverschämt und dreist): eigene Schulabteilungen mit deutscher Unterrichtssprache in allen Fächern, Kirchen, eine protestantische Hochschule in Hermannstadt, ein Staatstheater in Temeswar, zwei Tageszeitungen (*Neuer Weg* landesweit in Bukarest und *Neue Banater Zeitung* für das Banat in Temeswar), zwei Wochenzeitungen (*Karpatenrundschau* in Kronstadt und *Die Woche* in Hermannstadt), eine eigene Literaturzeitschrift, die monatlich erscheint, *Neue Literatur* in Bukarest und eine eigene wissenschaftliche Zeitschrift, die zweimal jährlich in Hermannstadt erscheint: *Forschungen zur Volks- und Landeskunde*. Dazu kommen deutsche Rundfunksendungen. Bis vor kurzem gab es auch ein deutsches Fernsehprogramm einmal die Woche und eine Zeitschrift für die Kulturhäuser, *Volk und Kultur*.[143]

---

142 Wagner war als einziger Mitglied.
143 Wegen Papierknappheit erschienen Zeitschriften und Zeitungen nur noch in reduziertem Umfang, die Lokalzeitungen als Doppelblatt, die Stromknappheit war ein willkommener Anlaß, die lokalen Rundfunksender aufzulösen, der kulturelle Kahlschlag, dazu gehörten auch andere Maßnahmen, betraf das ganze Land, die mitwohnenden Nationalitäten aber traf es besonders hart. Die Kulturhäuser auf dem Lande befanden sich seit Jahren in einem erbärmlichen Zustand, außer Jubel-

Durch die Abwanderung gehen leider die Institutionen der deutschen Minderheit langsam aber sicher kaputt. Nicht weil die Rumänen deutschfeindlich wären, sondern weil es keine Leser, keine Kirchengänger, Schüler, Kindergartenbesucher etc. mehr aus den Reihen der deutschen Minderheit gibt. Die Rumänen waren ihren Deutschen immer freundlich gesonnen, hatten diese doch 1919 für den Anschluß Siebenbürgens und des Banats aus der österreichisch-ungarischen Monarchie-Konkursmasse an Rumänien gestimmt.

Jetzt so tun, als ob die Deutschen in Rumänien *besonders* verfolgt würden, ist einfach unredlich und auch undankbar[144] dazu, denn die Rumänen, großzügig und liebenswürdig wie sie als Vertreter der östlichen Romania nun mal sind, versuchen den Beitrag ihrer Deutschen zu erwähnen, ja zu würdigen. Es erscheint zur Zeit eine *„Geschichte der Deutschen in Rumänien"* (seit dem 12. Jahrhundert) und eine Geschichte der deutschsprachigen Literatur Rumäniens (ebenfalls seit dem Mittelalter). In welchem anderen nichtdeutschsprachigem Land gibt es so etwas auch nur entfernt ähnliches?[145]

So bedauerlich die aktuellen Schwierigkeiten Rumäniens auch sein mögen, sie anhand der deutschen Minderheit auszurollen, erinnert fatal an die dummdreiste reichsgermanische Besserwisserei unseligen Angedenkens, als schon mal deutsche Volksgruppen mißbraucht wurden.

---

veranstaltungen im Rahmen des Landesfestivals „Preis dir, Rumänien" fanden hier keine Aktivitäten mehr statt, die Dorfbibliotheken waren zudem aufgelöst worden. Die Einstellung der Zeitschrift „Volk und Kultur", ein Organ eben jenes Festivals, beklagte bestimmt niemand.

144 Dankbarkeit. Das war das propagandistische Schlagwort schlechthin, denn für alles hatte der Bürger der Partei dankbar zu sein. Und hinsichtlich der Schulen und des Pressewesens: Sie waren kein Geschenk des rumänischen Staates, sondern waren in einer langen Tradition geschaffen worden.

145 Was der Verfasser durch die Angabe ungefährer Titel suggeriert, entspricht nicht der Wahrheit. Schon das Erscheinen von Büchern oder Aufsätzen zu Teilaspekten der Geschichte oder Literaturgeschichte der Deutschen aus Rumänien war mit riesigen Schwierigkeiten verbunden, da die Darstellung der offiziellen Linie zu entsprechen hatte. Das war auch der Grund, warum in Veröffentlichungen in rumänischer Sprache zur Geschichte und Literaturgeschichte ganze Zeitabschnitte nicht behandelt oder einzelne Autoren übergangen wurden.

Schon auf der ordentlichen Mitgliederversammlung des VS NRW in Paderborn erwähnte ich den Fall des verfolgten Rumäniendeutschen, dem hier als Unterdrücktem Geld und ein Auto gespendet wurden. Der Verfolgte setzte sich ins Wiedergutmachungsauto und fuhr zurück nach Rumänien zur Entgegennahme des Kommunistischen Jugendverbandpreises für Lyrik und Ethik.

Natürlich kann man auch mit Geld und Preisen verfolgt werden, nur sollte man dann auch diese raffinierten Arten der Verfolgung uns mitteilen, man kann aber auch mit „kümmern um einen" vom Leben zum Tod befördert werden.

Hoffentlich verfolgen wir die Verfolgten nicht allzu sehr bei uns in der BRD mit unserer zum Teil noch immer reichsgermanischen Heinimentalität, wie den armen Rolf Bossert, den wir, die BRD-Gesellen, auf dem Gewissen haben und nicht die Rumänen[146].

Eine dauernde bevorzugte Behandlung, wie sie vielen ehemaligen DDR-Autoren von Institutionen zuteil wird, ist auf die Dauer eine Benachteiligung, bringt sie doch diese Autoren um eigene „realistische" Erfahrungen und nimmt ihnen die Möglichkeit der Opposition, indem sie penetrant zu Wohlwollenempfängern degradiert werden.

Ingmar Brantsch, Köln

---

146 Nicht *die Rumänen,* sondern das Ceauşescu-Regime trägt eine Mitschuld an Rolf Bosserts Tod. Guntram Vesper, auch ein Außenstehender, beschreibt die Lage Rolf Bosserts und den Druck, unter dem er stand, sehr genau. (siehe Anmerkung 129).

6. Neue Aspekte

Die damalige Vorsitzende des Verbandes, Anna Jonas, widersprach in einer Stellungnahme dieser Darstellung vehement. Nach der Öffnung der Stasi-Akten stellte sich heraus, daß sogar die Staatssicherheit der DDR von unserer Aufnahme in Kenntnis gesetzt wurde, durch einen Informanten aus dem VS, der darlegte, welchen politischen Zündstoff diese Solidarisierung des VS mit den deutschsprachigen Schriftstellern aus Rumänien birgt.
In seiner Mitteilung vom 8.04.1986 berichtet Informant „Petrică" an seinen Führungsoffizier Balogi von einem Gespräch mit mir im Theater, bei dem auch zwei Kollegen anwesend waren.
Der Schauspieler, der Name wird genannt, *erkundigte sich bei dem Kollegen*, der Name wird genannt, *ob er die Sendung von Radio „Deutsche Welle" gehört habe. Da dieser verneinte, erzählte er ihm, daß die deutschen Schriftsteller aus Temeswar, Totok, Herta Müller, Johann Lippet und Richard Wagner in den Schriftstellerverband der Bundesrepublik Deutschland aufgenommen wurden.*
Diese Nachricht, heißt es weiter, *wurde nur von Lippet, der Parteimitglied ist, kommentiert, der sagte, daß ihm nichts anderes übrigblieb, als Mitglied dieses Verbandes zu werden, da er in den Rumänischen Schriftstellerverband nicht aufgenommen wurde. Über die gegenwärtige Einstellung von Lippet hinsichtlich seiner Auswanderung ist mir nichts bekannt, vor einem Jahr jedoch erklärte er, daß er nicht auswandern will, da er sich dort nicht zurechtfinden würde.*

Alle in der Mitteilung Genannten, heißt es in der Anmerkung des Führungsoffiziers, *werden identifiziert, die Informationen in IOPR[147] kartiert, dann die Mitteilung an die Dienststelle I/A weitergeleitet, wo sie sich in Beobachtung finden.*
Informant „Ionescu" berichtet Oberleutnant Beletescu am 14.04.1986 von einer Begegnung mit mir.
Als ich ihn zufällig auf der Straße traf, fragte ich ihn, wie es ihm so gehe. Gut, sagte er und teilte mir mit, er sei unterwegs zur Universität, wo er sich einen Film anschauen wolle. Ich fragte ihn noch, wie es dem, Name des Schauspielers, *gehe, da ich sie neulich zusammen gesehen habe und wie es um die Tournee in die DDR stehe, worauf er mir sagte, es stehe noch nichts fest, er habe jetzt keine Zeit für Gespräche, sei in Eile. Ich konnte beobachten, daß sich Lippet, im Unterschied zu vorherigen Gesprächen verändert hat, seine Gedanken woanders waren.*
Der Führungsoffizier erteilt dem Informanten die üblichen Aufgaben, zu dem Bericht notiert Oberstleutnant Pădurariu: *Herausfinden, mit welchen Personen aus dem Umfeld von Lippet die Quelle Gespräche führen könnte, um zu erfahren, was sie diskutieren. Wenn die Quelle nicht konkreter eingesetzt wird, bleiben die Informationen zu allgemein.*
Die Mitteilungsanalyse vom 29.04.1986 enthält einen Maßnahmenplan mit 9 Punkten, er reicht bis zum 30.07.1986. In der Einleitung heißt es, *daß in der Tätigkeit des Zielobjekts neue Aspekte aufgetaucht sind. Dazu zählt, daß Lippet Johann und andere feindliche Elemente*, Wagner, Müller, Totok, Samson werden genannt, *behaupten, von unseren Organen schikaniert zu werden, sie verbreiten Nachrichten, von unseren Organen bedroht zu werden, um Personen im In- und Ausland zu beweisen, daß sie in Rumänien verfolgt würden, in ihren Rechten und Freiheiten eingeschränkt seien, um dann nach ihrer Ausreise darauf hinweisen zu können, was für eine Tätigkeit sie in Rumänien entfalteten.*[148]

---

147 Den rumänischen Wortlaut dieser Abkürzung konnte ich nicht in Erfahrung bringen.
148 Dieser Abschnitt in der Analyse bezieht sich auch darauf, daß ich von jenem nächtlichen Anruf Beletescus im März 1986 nicht nur meinen Schriftstellerfreunden erzählte, genau wie Samson, der schon im Februar 1986 einen nächtlichen

Im weiteren Verlauf der Analyse wird auf die Sendung von „Deutsche Welle" hingewiesen, auf die Aufnahme von mir, Wagner, Müller und Totok in den VS, zu meiner Person heißt es zusätzlich: *Aus Solidarität mit den Genannten aus seinem Umfeld stellte Lippet ebenfalls einen Ausreiseantrag und teilte dies den Organen im Land mit, von seiner Absicht aber weiß man auch im Ausland.*
An dieser Stelle sind zwei Anmerkungen von Oberstleutnant Pădurariu hinzugefügt: 31.03.1986, das Datum der Stellung meines Ausreiseantrags und hinsichtlich der Feststellung, meine Ausreise aus Solidarität mit den Genannten beantragt zu haben, heißt es: *Das endgültige Verlassen des Landes ist eine schon ältere Absicht von Lippet.*
Weiterhin hält die Analyse fest, daß ich wiederholt Versuche unternahm, in den Schriftstellerverband aufgenommen zu werden, *zuletzt April 1986*[149], *aber die Parteiorgane wurden über seine Tätigkeit und zukünftigen Absichten informiert.* Abschließend stellt der Bericht fest, daß keine weiteren Veröffentlichungen von mir signalisiert wurden, auch nicht im Ausland, daß ich aber mit den Personen aus meinem Umfeld Bücher kommentiere, die im Lande erschienen sind oder erscheinen sollen.
In Anbetracht dieser Informationen zum Fall „Luca" und nach der Analyse auf einer Sitzung auf Ebene der Leitung des Sicherheitsdienstes und der Leitung des Dienstes II der Direktion I, wurde die Weiterführung des Informativen Vorgangs beschlossen sowie folgender Maßnahmenplan.
In diesem erhält Informant „Robert" die bekannten Aufgaben zugeteilt, neu hinzu kommt, daß er mich in Gesprächen „positiv beeinflussen" soll. Ein neuer Informant mit dem Decknamen „Weis"[150] soll gezielt auf mich angesetzt werden, erhält aber auch nur die üblichen Aufgaben.
Wenn Lippet beabsichtigen sollte, feindselige Tätigkeiten zu unter-

---

Telefonanruf mit Morddrohungen erhielt. Die anderen genannten Schriftstellerkollegen, die kein Telefon hatten, bekamen vermehrt durch andere Methoden die zunehmende Bedrohung zu spüren und erzählten ebenfalls nicht nur in unserem Kreis davon.
149 Diese Angabe trifft nicht zu.
150 Eine Mitteilung dieses Informanten enthält meine Akte nicht.

nehmen, wird der Schriftstellerverband und die Paßbehörde eingeschaltet, um ihn positiv zu beeinflussen, heißt es zu Punkt 3 im Maßnahmenplan. *Einschließlich über unser Netz und die zuständigen Verantwortlichen,* ordnet Oberstleutnant Pădurariu an.

Der nächste Punkt im Maßnahmenplan sieht vor, daß mein Telefon weiterhin überwacht wird, um anhand der Gespräche in Erfahrung zu bringen, welches meine Vorhaben sind. Des weiteren sind meine Verbindungen im In- und Ausland durch die bereits vorhandenen Möglichkeiten festzustellen, andere Maßnahmen von Fall zu Fall einzuleiten.

Nachweise sind zu erbringen, anhand derer festgestellt werden kann, welche Personen ihn anrufen, mit denen er vereinbart, Aktionen zu unternehmen, die dann als im Namen unserer Organe ergriffene hingestellt werden, schlägt Oberleutnant Beletescu als nächste Maßnahme vor. Das scheint seinem Vorgesetzten dann doch zu aberwitzig, denn der notiert: *Wie? Welche Nachweise?*

Obwohl ich einen Ausreiseantrag gestellt habe, wird im Maßnahmenplan vorgeschlagen, zu überprüfen, in welchen Verlagen ich veröffentlichen will, welche Personen mich dabei unterstützen. Die weitere Beobachtung meiner Frau wird angeordnet, zudem sollen meine Reisen nach Bukarest und in andere Ortschaften überwacht werden, über deren Zweck ist zu berichten und über die Personen, mit denen ich Kontakt aufnehme.

In der Mitteilungsanalyse ist von einer Sitzung auf Ebene der Leitung des Sicherheitsdienstes und der Leitung von Dienst II der Direktion I die Rede.[151] Darauf beziehen sich die Ergänzungen des Maßnahmenplans von Oberstleutnant Pădurariu ausdrücklich, der darauf hinweist, was bei dieser Analyse am 28.03.1986 noch angeordnet wurde.

Daten hinsichtlich seiner Haltung, Einstellung und Ansichten sind zu

---

151 Aus einem Dokument, Mitteilungsanalyse und Maßnahmenplan, von Oberstleutnant Pădurariu am 3.04.1986 zu Richard Wagner verfaßt, das der mir zur Verfügung stellte, geht hervor, daß jene Sitzung am 28.03.1986 auf Leitungsebene des Kreisinspektorats Temesch des Sicherheitsdienstes stattfand im Beisein von Oberst Popescu Stelian, Chef des Dienstes II der Direktion I Bukarest. Auf jener Sitzung wurde mit Absegnung aus Bukarest die weitere Vorgangsweise beschlossen: es ging primär darum, Eskalationen zu vermeiden und den Antragstellern die Ausreise zu gewähren.

sammeln; das Netzwerk der Informanten einsetzen, um ihn positiv zu beeinflussen; jeder Versuch zu provokativen Aktionen ist zu unterbinden.

Als Ergänzungen zum Maßnahmenplan werden noch vier vorgeschlagen. *Spezielle Mittel am Arbeitsplatz von Lippet sind zu installieren.* Dazu bemerkt ein Vorgesetzter, kein Name, keine Unterschrift, keine Nennung des Rangs: *Nein. Warum denn?* Zudem soll vereitelt werden, daß ich einen Kollegen, sein Name wird genannt, der seit langem auf den Paß wartet, in feindselige Aktionen mit hineinziehe, es soll erkundet werden, welche Absichten ich habe. *Seine Ausreise durch die Paßkommission befördern, hierzu eine Mitteilung an die Paßdirektion,* ordnet Oberstleutnant Pădurariu an. *Ja,* heißt es in einer Randnotiz dazu, keine Unterschrift oder Nennung eines Rangs. Diese Ergänzung zum Maßnahmenplan geht offensichtlich auf die Beschlüsse jener Sitzung zurück, denn am 28.03.1986, als sie stattfand, hatte ich noch keinen Ausreiseantrag gestellt.

Es fallen die widersinnigen Anordnungen auf und die Vielzahl der Securitate-Offiziere, die an der Erarbeitung des Maßnahmenplans beteiligt sind. Die Securitate stand unter Druck, weil sie nicht einschätzen konnte, wie ich mich nach Stellung meines Ausreiseantrags verhalten werde, ob ich mit meinen Schriftstellerkollegen Aktionen plane. Man befürchtete eine Eskalation, deshalb sollten uns bei der Ausreise keine Schwierigkeiten gemacht werden. Wie wichtig das für die Securitate war, belegt auch eine hinzugefügte Notiz zu obiger Mitteilungsanalyse, ohne Angabe des Datums der Niederschrift, in der es heißt: *Am 7.10.1986 wurde über den Antrag zum endgültigen Verlassen des Landes positiv entschieden.*[152]

Sie ist von Leutnant Fulga verfaßt und unterschrieben, der meinen Fall in direkter Verantwortung übernommen hatte. Ab wann geht aus den Unterlagen nicht hervor, die erste Mitteilung des Informanten „Robert" an seinen neuen Führungsoffizier jedenfalls stammt vom 28.11.1986, in der vom 23.12.1986 ist vermerkt, daß bei der Entgegennahme der Mitteilung Oberstleutnant Pădurariu zugegen war.

---

152 Es war die Verständigung für die sogenannten Großen Formulare, die Vorstufe zur Aushändigung des Passes nach wieder monatelanger Wartezeit.

Die Mitteilung, die Oberstleutnant Pădurariu anhand der Informationen, die ihm Informant „Mayer" lieferte, am 21.06.1986 zur Niederschrift bringt, ist als Kopie gekennzeichnet. „Meyer" teilte ihm mit, hält der Führungsoffizier fest, daß *Lippet Johann am 20.06.1986 ein Mitglied des Literaturkreises,* dessen Name wird genannt, *das zur Sitzung des Literaturkreises ging, ansprach und fragte, warum es noch zu den Sitzungen geht, woraufhin der Angesprochene meinte: Um sich zu amüsieren. Aus der Art und Weise wie der Angesprochene reagierte, geht laut Aussage der Quelle hervor, daß er die Einstellung von Lippet nicht teilt, der wie andere auch behauptet, daß es ohne sie kein literarisches Leben in Temeswar mehr gibt*

Am 1.07.1986 meldet sich Informant „Petrică" wieder bei Oberstleutnant Balogi und berichtet: *Infolge seiner Mitgliedschaft im Deutschen Schriftstellerverband ist er nun auch Mitglied in deren Gewerkschaft in der Bundesrepublik Deutschland. Der Mitgliedsbeitrag ist symbolisch und wird von jemandem aus Deutschland entrichtet. Hier aber erhält er eine Zeitschrift oder eine Zeitung des Verbandes und der Gewerkschaft. Ich glaube, obwohl er es mir nicht erzählte, daß auch die anderen jungen Schriftsteller, die das Land verlassen wollen, diese Zeitschrift erhalten, es handelt sich um Totok, Herta Müller, Richard Wagner und andere.*

Dazu notiert der Führungsoffizier: *Der Bericht wurde im Auftrag von Dienst I/A verfaßt und wird an Oberleutnant Beletescu zwecks Bearbeitung weitergeleitet; der Informant erhielt den Auftrag weiterhin über das Verhalten von Lippet zu berichten und das der genannten Schriftsteller.*

Der Brief vom 23.06.1986 des VS an die Mitglieder im Ausland zur Wahl ihres Sprechers wurde beschlagnahmt, er liegt in meiner Akte auf. Der Brief enthält Name und Anschrift der Auslandsmitglieder, 50 an der Zahl. Aus dem Brief sind die Grußworte der Geschäftsführerin des VS, die diesen Brief unterschrieb, übersetzt und der Hinweis, daß bisher zwei Kollegen als Sprecher vorgeschlagen wurden, Name und Anschrift, bis zur Briefwahl noch andere Vorschläge gemacht werden können.

Es wird vorgeschlagen, mir den Brief zuzustellen, doch Oberstleutnant Pădurariu setzt sich durch: *Der Brief bleibt beschlagnahmt.* Warum ist offensichtlich: Es sollte verhindert werden, daß jemand von

uns zum Sprecher vorgeschlagen oder gar gewählt werden könnte.
Zu diesem Brief fehlt das Formular der Beschlagnahmung, dieses aber ist dem nächsten des VS vom 7.07.1986 vorangestellt, der die Unterlagen für die Briefwahl des Auslandsprechers enthält und mir ebenfalls nicht zugestellt wurde.
Die Mitteilung des Inspektorat Temesch des Innenministeriums vom 9.07.1986, liegt mir in zwei Exemplaren vor, drei Seiten durchgehend getippt. Das erste ist mit handschriftlichen Korrekturen versehen, die in das zweite übernommen wurden, beide Exemplare sind ein Durchschlag, darunter steht: *Chef des Sicherheitsdienstes, Oberst Cristescu Ion*, ohne Unterschrift.
Die Mitteilung macht biographische Angaben zu mir und meiner Frau, geht sodann auf meine feindseligen schriftstellerischen Arbeiten bis zur Eröffnung des Informativen Vorgangs im Mai 1982 ein, zählt auf, welche tendenziösen Arbeiten ich danach, wo veröffentlichte, nimmt Stellung zu meiner Haltung und meinen Äußerungen und weist darauf hin, welche feindseligen Aktionen ich gemeinsam mit meinen Schriftstellerkollegen unternahm.
Im Abschluß der Mitteilung heißt es: *Wir schlagen vor, seinen Ausreiseantrag zu genehmigen, hierzu liegt auch das Einverständnis der Parteikommission des Kreises vor. Der Fall ist auch der Direktion I Bukarest bekannt, die mit dem endgültigen Verlassen des Landes von Lippet Johann einverstanden ist.*
Am 6.08.1986 macht Informant „Gabriela", Signatur auf der Kopie unleserlich, Mitteilung an Oberleutnant Beletescu über einen Fortbildungskurs an der Universität, an dem auch meine Frau teilnahm. Der Bericht bezieht sich in erster Linie auf die Aussagen einer anderen Lehrerin, die erzählte, einen Ausreisantrag gestellt zu haben, und daß sie ein Kind adoptieren wollte, davon aber jetzt Abstand genommen hat, weil sie befürchtet, das Kind nicht mitnehmen zu dürfen. Der Informant berichtet weiter, daß man von Herta Müller sprach, die auswandern wird. Zu meiner Frau heißt es: *Sie machte keine Aussage hinsichtlich ihrer Ausreise.*
Der Führungsoffizier notiert: *Genannte*, der Name der Lehrerin ist angegeben, *wurde von uns bearbeitet, Lippet Elfriede ist die Frau von Lippet Johann, von uns bearbeitet, die Mitteilung wird in seinem Dossier ausgewertet.*

Oberstleutnant Pădurariu ordnet bezüglich der Lehrerin, die einen Ausreiseantrag gestellt hat, an: *Wenn sie einen Ausreiseantrag gestellt hat, ist das Schulamt des Kreises davon in Kenntnis zu setzen in Verbindung mit anderen Fällen dieser Art.*
Obwohl in der Mitteilung des Kreisinspektorats Temesch des Innenministeriums, am 9.07.1986 redigiert, festgehalten wird, daß meine Ausreise von Bukarest genehmigt ist, geht erst am 22.08.1986, laut Postausgangvermerk, ein Schreiben aus Temeswar an das Ministerium des Inneren, Direktion I Bukarest, Dienst III, ab mit dem Anliegen, *bei der Paßbehörde zu intervenieren, um die Ausreise des Genannten zu genehmigen.* Das Schreiben wurde laut Datum am 4.08.1986 redigiert und ist vom Chef des Sicherheitsdienstes, Oberst Cristescu Ion, und dem Chef des Dienstes I/A, Oberst Ianculescu Antonie, unterzeichnet. Die darin erwähnte Mitteilung als Anhang fehlt, es ist wohl jene korrigierte, verfaßt am 9.07.1986.
Am 22.08.1986 teilt Informant „Robert" Oberleutnant Beletescu mit, daß ich am 11.08.1986 die sogenannten kleinen Formulare[153] erhielt, ich und meine Schriftstellerfreunde, er nennt die Namen, in den VS aufgenommen wurden, daß eine Arbeitskollegin, er nennt deren Namen, in einem Gespräch gesagt habe, ich würde ohne zu zahlen[154] auswandern, eben weil ich Mitglied des VS bin.

---

153 Nachdem die bereits erwähnte Kommission dem Antrag stattgegeben hatte, stellte der Antragsteller den eigentlichen Ausreiseantrag. Die Druckvorlagen wurden ihm in einem Büro des Tourismusunternehmens ausgehändigt, der Antragsteller durfte die aber nicht persönlich ausfüllen, dafür waren spezielle Schreibstuben zuständig, wo auch die Abschriften von Geburtsurkunde, Heiratsurkunde u.a.m. gemacht wurden. Nach Abgabe der Unterlagen bei der Paßbehörde hieß es, auf die Verständigung für die Eingabe der sogenannten großen Formulare zu warten, es kam aber nicht selten vor, daß der Antragsteller eine Absage erhielt.
154 Zahlen. Fiel dieses Wort im Zusammenhang mit der Ausreise wußte jeder, worum es ging. Laut einem Abkommen zwischen der Bundesrepublik Deutschland und der Sozialistischen Republik Rumänien von 1978, die eine kontingentierte Ausreise von Deutschen aus Rumänien vorsah, bezahlte die Bundesrepublik je nach Ausbildung des Ausreisenden bis zu 10.000 DM an Rumänien. Die Ausreisen waren offiziell im Rahmen der sogenannten Familienzusammenführung vorgesehen, da nach dem II. Weltkrieg viele Deutsche aus Rumänien als ehemalige Angehörige der deutschen Armee oder als Flüchtlinge in der Bundesrepublik lebten oder später legal oder illegal in die Bundesrepublik kamen, so daß sich eine Kette der Ausreisen bildete. Durch Mittelsmänner der Securitate entstand ein Korruptionsnetz: Man versprach Ausreisewilligen gegen Bezahlung in Valuta, das Geld wurde von Verwandten aus der Bundesrepublik zur Verfügung gestellt, die Genehmi-

Der Informant erhält die bekannten Aufgaben, Oberstleutnant Pădurariu notiert: *Die angesetzten Quellen zum Fall sollen direkte Diskussionen mit dem beobachteten Element führen.*
Am 26.08.1986 wird ein Brief an meine Frau abgefangen, in dem ihr eine ausgewanderte Freundin ankündigt, im August nach Rumänien zu kommen, auch uns zu besuchen, sie ist erfreut, daß wir die kleinen Formulare erhalten haben. Diese Passage liegt in Übersetzung vor, der ist das bekannte Formular vorangestellt.
Die Mitteilung des Informanten „Robert" vom 12.09.1986 ist die letzte mir vorliegende an seinen Führungsoffizier Oberleutnant Beletescu, darin berichtet er von einem Gespräch mit Kollegen aus dem Theater, nennt deren Namen. *Das Gespräch drehte sich*, teilt der Informant mit, *um die 200 Jahrfeier der Gemeinde Bakowa, bei der auch ein Team des Deutschen Fernsehens ZDF (so im Original) zugegen war, das die Feierlichkeiten filmte. Bei dieser Feier sagte eine ältere banatschwäbische Bäuerin dem Fernsehteam, daß ein Banater Schwabe sich überall in der Welt zurechtfindet, ob in Rumänien, Deutschland, Amerika oder Kanada.*
Diese Aufzeichnungen werden in Deutschland zu sehen sein und sollen beweisen, wie gut es den Schwaben geht, die ihr Kirchweihfest sogar während der Erntekampagne feiern dürfen, und wie offen man in Rumänien sprechen darf. Entweder war das Fernsehteam nicht gut genug überwacht oder es hat von der tatsächlichen Realität überhaupt nichts begriffen. Diesen Kommentar machte Johann Lippet.
Dieser Absatz aus der Mitteilung ist dick unterstrichen. Der Informant erhält von seinem Führungsoffizier die üblichen Aufgaben, am Ende der Mitteilung steht in anderer Handschrift ein Wort, *Synthese*, keine Unterschrift, keine Nennung des Rangs, dieser Vorschlag wird von einem Securitate Major, Unterschrift unleserlich, gut geheißen: *Ja*. Es könnte sich um den Hinweis handeln, in einem Syntheseberich diese Mitteilung unbedingt zu berücksichtigen.
Die beiden folgenden Berichte sind ein Beleg dafür, wie Besucher aus dem Ausland überwacht wurden und mit welcher Nervosität

---

gung ihres Ausreiseantrags oder dessen Beschleunigung. So wurde die Securitate über viele Jahre Devisenbeschaffer.

die Securitate reagierte, stellte sich heraus, daß die Besucher Kontakt zu „feindseligen Elementen" hatten.

Die Mitteilung vom 17.11.1986 ist eine getippte Abschrift des Berichtes von Informant „Miguel", Hotel „Continental", an Oberleutnant Trăilă Aurel, darin heißt es: *Am 14.11.1986 wurden in Zimmer 30 des Hotels untergebracht die Bürgerinnen Patt Sabina, Island, Karlsdottir Maria, Österreich. Sie kamen um 9.05 Uhr vom Zimmer, frühstückten und verließen 9.50 Uhr das Hotel. Um 17.20 Uhr kehrten sie ins Hotel zurück, gingen auf ihr Zimmer, gingen später wieder weg und kehrten um 23.00 Uhr zurück. Am Morgen verließen sie das Hotel gegen 6.15 Uhr und fuhren zum Bahnhof. Während ihres Aufenthalts wurden sie von drei Personen von der „Neuen Banater Zeitung" begleitet. 17.11.1986 ss "Miguel".*

Darauf folgt eine Anmerkung: *Die Mitteilung wird dem österreichischen Problem zugeteilt, ss Oberleutnant Trăilă Aurel. Genosse Trăilă, kommen Sie mit dieser Mitteilung zu mir, steht darunter, ss. Major Pele Petru.* Im letzten Abschnitt der Mitteilung heißt es: *17.11.1986- Einer der beiden, der in der Hotelhalle auf Karlsdottir Maria und Sabina Patt wartete, war Lippet Johann, Dramaturg am Deutschen Theater. Es ist der Große und Magere, der Langhaarige, ss. Oberstleutnant Balogi Francisc.*

Diese Anmerkung beweist, daß ich anhand einer Aufzeichnung oder eines Fotos identifiziert wurde. Der Besuch der beiden Damen löste nach der Mitteilung des Informanten, wie aus den letzten beiden Anmerkungen zu erahnen, bei der Securitate Hektik aus.

Noch vom selben Tag, 17.11.1986, stammt ein Mitteilungsbericht, getippte Abschrift mit Briefkopf, Kreisinspektorat Temesch des Innenministeriums, Geheimdienst/ Dienst III,[155] verfaßt von Oberstleutnant Balogi Francisc. Darin wird nun bedeutend genauer der Aufenthalt der Besucher aus dem Ausland protokolliert.

Hinsichtlich der isländischen Schriftstellerin Karlsdottir Maria, wohnhaft in der Bundesrepublik Deutschland, und der Schweizer Bürgerin Patt Sabine Ursula, die im Hotel „Continental", Zimmer 30 zwischen dem 14. - 17.11. laufenden Jahres untergebracht waren, geht hervor:

---

155 War für Auslandsspionage zuständig

Am 15.11., ein Samstag, gegen 12.00-12.30 Uhr nahmen sie sich Informationsmaterial mit einer Karte und gingen in die Stadt. Um 20.05 Uhr kamen sie zurück und gingen auf ihr Zimmer. Man weiß nicht, wo sie in der Zwischenzeit waren, weil sie aus Mangel an Möglichkeiten nicht beobachtet werden konnten. Sonntag, dem 16.11., 8.50 Uhr, kamen sie von ihrem Zimmer und gingen in den Frühstücksraum, wovon eine Aufzeichnung gemacht wurde (siehe Material)[156]. Um 9.40-9.50 Uhr trafen sie sich in der Hotelhalle mit zwei Individuen von der „Neuen Banater Zeitung", einer groß gewachsen, blondes bis dunkles Haar, ungefähr 30-35 Jahre alt, langhaarig mit Schnurrbart, nachlässig gekleidet, um mit ihnen wegzugehen. Der andere ist etwas kleiner, ungefähr dasselbe Alter, langhaarig. Gemeinsam verließen sie nach etwa 20-30 Minuten das Hotel, so um 10.20-10.30 Uhr, und gingen zu Fuß in Richtung „Bega" Kaufhaus. Sie sahen sich lange die Schaufenster an, bis die zwei von der „Neuen Banater Zeitung" eintrafen, ich glaube, daß die Isländerin mehrere Zeitungen an der Rezeption kaufte. Sie kamen erst gegen 17.20 Uhr ins Hotel zurück und um 17.50 Uhr verließen die beiden allein wieder das Hotel. Um 23.00 Uhr kamen sie zurück und verließen das Hotel am 17.11., gegen 6.25 Uhr, wohin ist nicht bekannt. ss. Oberstleutnant Balogi Francisc
Auf meine Identifizierung, wird in einem p. s. noch einmal hingewiesen: Der Lange, Blonde, langhaarig und mit Schnurrbart, wurde festgestellt, ist Lippet Johann vom Deutschen Theater Temeswar. ss. Oberstleutnant Bologi Francisc. Darauf folgt eine Anweisung: Verbindung mit Major Adamescu von Dienst I/A aufnehmen, um die von der „Neuen Banater Zeitung" zu identifizieren. Wer hat sie aus den Reihen rumänischer Bürger auf dem Zimmer besucht? ss. Oberstleutnant Lighezan Josif.
Die beiden Abschriften wurden im nachhinein handschriftlich mit meinem Namen versehen. Jene Karlsdottir Maria war die Schriftstellerin Helga M. Novak, die wir in Bukarest im Oktober 1985 kennenlernten, anläßlich der „Kulturwoche" der Bundesrepublik Deutschland, sie war mit ihrem isländischen Paß eingereist, in Begleitung einer Freundin aus der Schweiz.[157]

---

156 Wahrscheinlich Fotos oder Videomaterial
157 Die Schriftstellerin aus der DDR hatte nach Island geheiratet, war in die Bundesrepublik übersiedelt, lebte aber vorwiegend in Jugoslawien. Helga M. Novak

war schon einmal, Silvester 1985/1986 in Temeswar, auch damals tat ihre moralische Unterstützung gut, und wir freuten uns über die Geschenke, Kerzen, Kaffee, Fleischkonserven, die sie uns mitbrachte. Zu diesem Besuch, sie war allein und ebenfalls mit ihrem isländischen Paß eingereist, gibt es keine Unterlagen im Dossier, daß er unbeobachtet blieb, ist unvorstellbar.

7. Diskreditierungsmaßnahmen

Wie in der kurzen Mitteilung vom 28.11.1986 dokumentiert, hatte ein neuer Securitate-Offizier, Leutnant Fulga Valerică, meinen Fall übernommen, an ihn erstattet Informant „Robert" Bericht. Er teilt ihm mit, daß ich die großen Formulare[158] erhalten habe und viel beim Kreismuseum bin, um meine Bücher mitzunehmen.[159] Die Anleitungen, die der neue Führungsoffizier seinem Informanten gibt, unterschieden sich nicht von denen seines Vorgängers, Oberstleutnant Pădurariu aber stellt in einer Randnotiz die Frage: *Welche anderen Maßnahmen werden ergriffen, um die Erkenntnisse zur Tätigkeit von Lippet zu vertiefen?*
Am 20.12.1986 verfaßt Leutnant Fulga seine erste Mitteilungsanalyse zu meinem Fall. Zu Beginn stellt er fest: *Die Einstellung von Lippet Johann ist weiterhin unangemessen, er diskutiert in seinem*

---

158 Das war die Vorstufe zum Paß für die Ausreise. Das Ausfüllen von Druckvorlagen, das Tippen von Formularen und Abschriften von Urkunden erledigten wieder die speziell eingerichteten Schreibstuben, in dieser Phase der Auswanderung erhielt man in der Regel keine Absage. Mit der Paßverständigung waren von 15 Ämtern Bestätigungen einzuholen. Bestätigungen, die belegen sollten, daß der Auswanderer keine Schulden hinterließ, hatten eine Gültigkeitsdauer von einem Monat. Um diese Frist einhalten zu können, zahlten Ausreisende Wasser, Strom, Miete u.a. auf Monate im voraus, wissend, daß sie das Geld nicht mehr zurückerhalten werden.
159 In Rumänien erschienene Bücher gewisser Jahrgänge und Bücher aus dem Ausland, die nicht in einheimischen Buchläden gekauft waren, mußten ins Kreismuseum gebracht werden, wo darüber entschieden wurde, welche man bei der Ausreise mitnehmen durfte, und für diese sogenannte Expertise war zudem eine Taxe fällig, unabhängig davon, ob das Buch zur Mitnahme genehmigt wurde oder nicht.

Freundeskreis über verschiedene soziale Aspekte, über Probleme im Zusammenhang mit der Lebensmittelversorgung der Bevölkerung, wobei er alles negativ kommentiert.
Danach findet mein Kommentar zur Feier in der Gemeinde Bakowa Erwähnung, wo das ZDF drehte, auf meine schriftstellerische Tätigkeit wird eingegangen und darauf hingewiesen, daß die Personen aus meinem Umfeld, die Namen werden genannt, und ich uns für die größten Schriftsteller halten und behaupten, daß es nach unserer Auswanderung kein literarisches Leben in Temeswar mehr geben wird. *Gleichzeitig boykottieren sie die Arbeit des Literaturkreises und versuchen, Mitglieder davon abzuhalten, die Sitzungen zu besuchen*
In letzter Zeit, heißt es in der Mitteilungsanalyse weiter, *hält er sich mit Kommentaren zurück und ist mit der Erledigung der Formalitäten für die Ausreise beschäftigt. Dennoch kam es zu Unmutsäußerungen, da ihm nicht alle Bücher im Kreismuseum genehmigt wurden, diese Äußerungen aber*, wird festgehalten, *waren nicht politischen Inhalts.* Abschließend heißt es: *Laut unseren Informationen kommentierte er seinen Ausschluß aus der Partei nicht.*
Der Maßnahmenplan umfaßt sieben Punkte: Informant „Robert" und „Petrică" sollen Mitteilung machen hinsichtlich meiner Vorhaben und ob ich andere Personen zur Ausreise überrede, ob ich versuche, die Tätigkeit des Theaters zu desorganisieren. „Robert" erhält einen zusätzlichen Auftrag: Er soll über eine Kollegin aus dem Theater, der Name wird genannt, die den Literaturkreis besucht und zu der er ein vertrauliches Verhältnis hat, herausfinden, ob ich mich weiterhin feindselig zum Literaturkreis äußere. Über die operativ-technischen Mittel vom Typ I. C. T. sollen meine Telefongespräche weiterhin abgehört werden. *Zusätzlich die von Typ I. D. M. von „Cristina",*[160] heißt es in einer Notiz, keine Unterschrift.
Es soll prompt eingegriffen werden, fährt der Maßnahmenplan fort, *sollte sich herausstellen, daß er andere Personen dazu verleiten will, feindselige Texte zu verfassen, diese Personen sind seinem Einfluß zu*

---

[160] Das ist der Deckname für den Informativen Vorgang zu Herta Müller. In den Unterlagen von Wagner und Samson ist die Installierung technisch-operativer Mittel vom Typ I.D. M. in ihren Wohnungen genau dokumentiert. Ob die Wanze nach der Ausreise von Wagner und Müller bei mir installiert wurde, weiß ich nicht.

entziehen. Die nächste Maßnahme ist neu: Die Kontaktaufnahme unserer Organe mit Lippet vermeiden, außerdem sollen keine Maßnahmen gegen ihn ergriffen werden, damit er nicht behaupten kann, er wäre von unseren Organen verfolgt und schikaniert worden.
Zum Maßnahmenplan von Leutnant Fulga gibt es Anordnungen von Vorgesetzten. In der von Oberstleutnant Pădurariu heißt es: *Seine Absichten in Erfahrung bringen, um zu verhindern, daß er durch Personen feindselige Arbeiten außer Landes schafft.* Die nächste Anweisung stammt von einem Oberst, Name unleserlich, sie ist an den *Genossen Radu* gerichtet: *Ergreifen Sie Maßnahmen einer positiven Beeinflussung, um zu verhindern, daß er zum Botschafter unzufriedener nationalistischer Elemente wird. Ja*, notiert Major Radu am 27.12.1986 und ordnet seinerseits an: *Einen Informanten finden, der die Möglichkeit hat, Aktionen einer positiven Beeinflussung zu unternehmen, damit er nach seiner Ausreise von feindseligen Unternehmungen absieht, innerhalb von 20 Tagen sind gemeinsam mit Oberstleutnant Pădurariu Vorschläge zu unterbreiten.*
Meinen Unmut über die Behandlung durch das Museum des Kreises, wohin ich meine Bücher zwecks Genehmigung zur Mitnahme gebracht hatte, war Leutnant Fulga beim Verfassen seiner Mitteilungsanalyse vom 20.12.1986 bereits bekannt, Informant „Robert" jedenfalls unterrichtet ihn erst am 23.12.1986 davon. Er teilt ihm mit, daß meine Beschimpfungen der Beauftragten des Museums galten und ich Kollegen aus dem Theater, er nennt Namen, die Listen der Bücher zeigte. Leutnant Fulga erteilt seinem Informanten Aufgaben, die bekannten, zu Maßnahmen vermerkt er: *Die Mitteilung wird im Operativen Vorgang „Luca" ausgewertet.* Damit handelt er sich den Rüffel seines Vorgesetzten, Oberstleutnant Pădurariu ein: *Das ist keine Maßnahme! Warum ergreift man keine anderen Maßnahmen, um die Tätigkeit des beobachteten Elements besser zu kennen?*
Die Mitteilung vom 13.01.1987 des Informanten „Petrică" an Oberstleutnant Balogi ist eine getippte Abschrift. *Bezüglich Lippet Johann, Dramaturg am Deutschen Staatstheater Temeswar teile ich mit, daß er die großen Formulare erhalten hat.* Der Informant erinnert sich, am 24.12.1986 mit einem Schauspieler, der Name wird genannt, ein Gespräch über Herta Müller geführt zu haben. Er ver-

mutet, daß dessen Informationen von der ehemaligen Souffleuse des Theaters, der Name wird genannt, stammen, die aus Deutschland zu Besuch gekommen war. *Er, der Schauspieler, erzählte mir, daß Herta Müller große Schwierigkeiten mit der Landsmannschaft* (so im Original) *hat, die sie boykottieren und bedrohen, weil sie in Rumänien Kritisches über die Banater Schwaben schrieb. Es entzieht sich meiner Kenntnis, ob Lippet oder die anderen Beziehungen zu ausländischen Schriftstellern hatten. 13.01.1987 ss. "Petrică".*

Zu den Anmerkungen: *Die Mitteilung wurde im Hinblick auf Lippet gemacht, zu dem es einen Informativen Vorgang gibt. Der Informant wurde instruiert in Gesprächen mit ihm, etwas über die Situation von Herta Müller in der Bundesrepublik zu erfahren. Die Mitteilung zur Bearbeitung im Fall, eine Kopie an Dienstelle I/A bezüglich Herta Müller, ss. Oberstleutnant Balogi Francisc. Eine Kopie an Dienststelle I/A, Genossen Oberstleutnant Pădurariu, zu Maßnahmen im Fall „Cristina", ss. Oberstleutnant Lighezan Iosif. Den Fall zur Analyse vorlegen, Termin 3 Tage. ss. Hauptmann Dragomir Romul.*

In seiner Mitteilung vom 19.01. 1987 berichtet „Robert" an seinen Führungsoffizier: *In den Diskussionen, die zur Situation des Theaters geführt werden, behauptet er, mit dem Theater sei es am Ende, da der Selbstfinanzierungsplan nicht erfüllt werden kann.*[161] Hinsichtlich

---

161 Die Lage der Theater war seit Jahren prekär, da die Subventionen drastisch gekürzt wurden. Durch sogenannte Selbstfinanzierungsmaßnahmen sollten die Kürzungen wett gemacht werden, um wenigstens die Gehälter auszahlen zu können. Diese Maßnahmen sahen vor, daß die Werkstätten der Theater, Schneiderei, Schusterei, Tischlerei, Dienstleistungen für die Bevölkerung erbringen sollten, was sich als Flop erwies. Andere Maßnahmen brachten auch nicht das, was man sich erhofft hatte: Betriebe wurden verpflichtet, die Kosten der Theater für das Drucken von Plakaten zu übernehmen, Großveranstaltungen mit Volksmusik wurden organisiert, die Einnahmen kamen den Theatern zugute, da Treibstoff rationiert war, erhielten Autofahrer, die Karten für eine Kulturveranstaltung kauften, zusätzlich Benzin. Verschärfte ideologisch- politische Verordnungen zum Repertoire der Theater, aber vor allem die desolate wirtschaftliche Lage des Landes hatten zu einem massiven Rückgang der Besucherzahlen geführt.

Das Deutsche Theater aus Temeswar befand sich in einer äußerst schwierigen Lage. Es war ein Tourneetheater, seine Einnahmen stammten überwiegend aus Vorstellungen in die umliegenden Städte, Gemeinden und Dörfer, von Tourneen nach Siebenbürgen. Wegen Treibstoffmangel konnten letztere nicht mehr stattfinden, im Banat fielen deswegen immer mehr Vorstellungen aus, zudem konnten in den Wintermonaten, der Hauptsaison auf dem Lande, die Säle wegen Mangel an Brennmaterial nicht geheizt werden. Infolge der Auswanderung vieler Ensemble-

meiner Ausreise informiert er, daß ich mich über den bisherigen Verlauf zufrieden geäußert habe, da alles recht schnell ging. Der Informant weiß noch zu berichten, mit wem ich in meiner Wohnung Silvester gefeiert habe, zählt die Personen namentlich auf. In einer Randnotiz weist Oberstleutnant Pădurariu seinen Untergebenen darauf hin: *Vorschläge, wie in der Analyse gefordert, vorlegen.*
Die Mitteilung des Informanten „Ionescu" an Leutnant Fulga vom 30.01.1987 beschäftigt sich ebenfalls mit der Lage des Theaters. *Anläßlich einer Begegnung fragte ich ihn, wie es um das Deutsche Theater bestellt ist, ob auch Stücke in rumänischer Sprache gespielt werden. Er antwortete mir, daß im Februar ein Märchenstück wiederaufgenommen wird, es soll in Kindergärten in rumänischer Sprache gespielt werden. Er habe keine Kenntnis davon, daß auch andere Stücke in rumänischer Sprache gespielt werden sollen.*
Die Mitteilung vom 3.03.1987 des Informanten „Petrică" an seinen Führungsoffizier ist seine letzte zu meiner Person. Darin berichtet er von einem Gespräch, das er am 26. Februar mit mir im Theater führte und was ich ihm aus diesem Anlaß mitgeteilt haben soll: daß ich die Paßverständigung erhielt, meine Auswanderung beklagte und meinte, mir sei nichts anderes übrig geblieben. Und er stellt die Behauptung auf, daß ich jenen offenen Brief im September 1984 an den Ersten Sekretär des Kreisparteikomitees ursprünglich nicht mit unterzeichnen wollte. Der Informant erhält den Auftrag, über andere Personen aus dem Theater, Namen werden genannt, Informationen zu sammeln und zu berichten. In einer Anmerkung zur Mitteilung, Unterschrift unleserlich, keine Angabe des Rangs, heißt es: *Seine Tätigkeit weiterhin überwachen, und wenn er nach Bukarest fährt, ob er ins Kulturinstitut der Bundesrepublik geht, um Werke in die Bundesrepublik zu schicken.*
Stadiumsmitteilung heißt das Dokument, drei Seiten, Handschrift, das Leutnant Fulga Valerică am 3.04.1987 verfaßt. *Am 3.05.1982 wurde der Informative Vorgang im Falle Lippet Johann, rumänischer Schriftsteller deutscher Nationalität* (sic!) *eröffnet*, heißt es einleitend. Daraufhin folgt, was wir schon kennen: verfaßte feindselige

---

mitglieder waren die Möglichkeiten des Theaters begrenzt, wegen der Auswanderung der deutschen Bevölkerung hatte das Deutsche Theater einen drastischen Rückgang von Zuschauern zu verzeichnen.

Werke, in denen die Realität entstellt dargestellt wird, ruft durch Anspielungen die Deutschen aus Rumänien zur Emigration auf, boykottierte den Literaturkreis aus Temeswar, steht seit Jahren mit feindseligen Elementen in engen Beziehungen, ist Mitunterzeichner des offenen Briefes an die Parteibehörde und den Schriftstellerverband.

Am 19.03.1987 erhielt er den Paß,[162] heißt es weiter, *ist zur Zeit mit der Liquidierung beschäftigt und nicht mehr am Theater, wo er Dramaturg war. Seine Beobachtung ist weiterhin erforderlich, um feindliche Tätigkeiten zu unterbinden und um das Schmuggeln von feindseligen Schriften zu verhindern, die im Ausland gegen unser Land verwendet werden können.*

Zu diesem Zweck werden folgende Maßnahmen ergriffen: über die Informanten „Robert" und „Petrică" soll versucht werden, etwas über meine Absichten zu erfahren anläßlich meiner Besuche im Theater, Informant „Ionescu" soll Auskunft über meine Beziehungen außerhalb des Theaters liefern, durch die Dienststelle „S" sollen meine Verbindungen ins Ausland kontrolliert werden, vor allem zu Wagner Richard,[163] über den Informanten „Ionescu" will man in Erfahrung bringen, ob ich versuche, Bekannte aus Temeswar negativ zu beeinflussen, meine Kontakte zu Helmuth Frauendorfer, der in Pitești wohnt, sollen überwacht werden, über die operativ-technischen Mittel vom Typ I.C.T. meine Telefonate im Inland und ins Ausland, es soll rasch eingegriffen werden, beim Versuch Materialien ins Ausland zu schaffen, ein direkter Kontakt mit den Organen der Staatssicherheit soll vermieden werden, um mir keinen Anlaß für die Verbreitung von Behauptungen zu geben, daß ich verfolgt und schikaniert werde, bei der Ausreise ist durch die Zollbeamten eine gründliche Kontrolle des Gepäcks durchzuführen.

Zur Stadiumsmitteilung gibt es die Anmerkung eines Oberstleutnants, Name unleserlich, sie ist auf den 23.06.1987 datiert, elf Tage nach meiner Ausreise, auf sie werden wir noch zurückkommen.

---

162 Der Paß wurde mir zum in der Synthesemitteilung genannten Datum nicht ausgehändigt, sondern ich erhielt die Nachricht, die Beschaffung der hierfür notwendigen Bescheinigungen in die Wege zu leiten, eine nicht nur zeitraubende Angelegenheit. Ab dem 1.04.1987 war ich nicht mehr am Theater tätig.
163 Er war zu dem Zeitpunkt bereits in der Bundesrepublik.

Am 14.04.1987 macht „Ionescu" seine letzte Mitteilung an Leutnant Fulga, im Resümee berichtet der Informant: war Dramaturg am Deutschen Theater, ist seit dem 1.04.1987 nicht mehr angestellt, kommt dennoch ins Theater und führt mit Kollegen Gespräche, aus denen hervorgeht, daß er noch einige Zeit im Land bleiben wird. Von meinem Kollegen in der Dramaturgie will der Informant erfahren haben, daß noch jemand angestellt werden soll.
Die Quelle erhält den Auftrag, über meine Besuche im Theater zu berichten und über die Gespräche, zudem über Kontakte zu Ausländern, die sich im Kreis Temesch aufhalten. Von Oberstleutnant Pădurariu stammt der Auftrag an seinen Untergebenen: *Dahingehend wirken, daß die Stelle von Lippet keine Person erhält, die uns Schwierigkeiten machen könnte.*
Am 13.06.1987 geht vom Kreisinspektorat Temesch des Innenministeriums, I/A/FV, ein Telex, Handschrift, an die Militäreinheit 200 Bukarest, unterzeichnet vom Chef des Geheimdienstes des Kreises Oberst Sima Traian. Darin heißt es: *Wir bitten um die Anordnung einer gründlichen Kontrolle des Genannten Lippet Johann* (Name in Druckbuchstaben*), geboren am 12. Januar 1951 in Wels- Österreich, rumänischer Staatsbürger,*[164] *Sohn des Jakob und der Anna, der durch den Grenzpunkt Curtici ausreist* (im Original steht für Grenzpunkt die rumänische Abkürzung PCTF), *am 14.06.1987* (das Datum ist nachträglich hinzugefügt), *weil wir darüber informiert sind, daß er beabsichtigt, Schriften mit unangemessenem, feindlichem Inhalt außer Landes zu schaffen.*[165]

---

164 Laut Paß war ich, wie andere Auswanderer jener Jahre auch, rumänischer Staatsbürger mit Wohnsitz im Ausland. Das war eine juristische Finte, denn die Ausreisenden wurden praktisch enteignet, sie mußten ihre Häuser oder Eigentumswohnungen um eine Bagatelle an den Staat verkaufen, 70 Kg Gepäck pro Person waren erlaubt, an Geld durften sie 100 Lei mitnehmen, aber in kleinen Scheinen, alles andere Geld blieb im Land, bei Verwandten und Bekannten deponiert oder auf deren Namen auf Sparbüchern, wenn es nicht als Bestechungsgeld in die unersättlichen Kanäle der unterschiedlichsten Behörden geflossen war. Die Einstufung als rumänischer Staatsbürger mit Wohnsitz im Ausland hatte nur den einen Zweck: Die Ausgereisten mußten nun die Entlassung aus der rumänischen Staatsbürgerschaft bei der rumänischen Botschaft in Bonn beantragen und in Valuta für die Aberkennung bezahlen. So wurden sie zum letzten Male Devisenbeschaffer.
165 Die Anordnung an die Grenzeinheit in Curtici ergeht noch am selben Tag. Dieses Dokument, das ich bei der Einsicht in meine Akte im Dezember 2007 in Buka-

Bei der Kontrolle in jener Nacht meiner Ausreise wunderte mich, daß ich nicht mehr kontrolliert wurde wie andere auch. Durch diesen Telex erfuhr ich nun nach 20 Jahren den Grund: ich verließ das Land nicht am 14.06.1987, wie im Telex vermerkt, sondern bereits am 12. 06 1987.

Nun zu jener Anmerkung im Bericht vom 3.04.1987, datiert auf den 23.06.1987, elf Tage nach meiner Ausreise, von einem Oberstleutnant, Name unleserlich, verfaßt, worin es heißt: *Der Informative Vorgang „Luca" bleibt in Arbeit, um Kenntnis von seinen Absichten und Unternehmungen nach seiner Ausreise in die Bundesrepublik Deutschland zu erhalten. Im Rahmen der Diskreditierungsmaßnahmen des Zielobjekts nach seiner endgültigen Ausreise ist es notwendig, die Überzeugungen einiger Elemente aus der Bundesrepublik Deutschland zu erhärten, die im Rahmen der „Landsmannschaft"* (Anführungszeichen im Original) *der Banater Schwaben tätig sind, daß er ein mittelmäßiger Schriftsteller ist, daß er im Land in seiner Funktion als Dramaturg ein „politischer Propagandist" war* (Anführungszeichen im Original), *und daß er kein „loyaler"* (Anführungszeichen im Original) *Freund der Bundesrepublik Deutschland sein kann.*

In meiner Akte gibt es, im Unterschied zu Schriftstellerkollegen aus Temeswar, keinen ausführlichen Bericht zu Diskreditierungsmaßnahmen. Obige Notiz belegt aber, daß es eine Anordnung gab, die auch vorschrieb, was der Bericht zu beinhalten hat.

Die letzte kurze Mitteilung eines Informanten in meiner Akte ist auf den 9.12.1987 datiert. „Robert" berichtet Leutnant Florea Adrian, der hatte meinen Fall übernommen, daß zwei Postkarten von mir im Theater eintrafen, in denen ich den ehemaligen Kollegen u. a. mitteile, daß ich und meine Frau arbeitslos sind und zur Zeit von Arbeitslosenhilfe leben. *Die Mitteilung erfolgte nach erteilter Aufgabe*, merkt der Führungsoffizier an und weiter: *Lippet Johann wird im Informativen Vorgang „Luca" bearbeitet, zur Zeit wohnhaft in der Bundesrepublik Deutschland.*

Zu den Aufgaben: *Die Quelle wurde instruiert zu versuchen, auch andere Informationen über das Element in Erfahrung zu bringen.* Der

---

rest las, fehlt in den Kopien, die man mir drei Monate später aushändigte.

Bericht ist von einem Hauptmann, Name unleserlich, gegengezeichnet.

Bericht zur Einstellung des Operativen Vorgangs zum Genannten Lippet Johann heißt das Schriftstück, das Leutnant Florea Adrian am 11.12. 1987 verfaßt, Handschrift, zwei Seiten.

Er wird am 14.12.1987 von einem Hautmann, Name unleserlich, zur Genehmigung vorgeschlagen, am 15.12. wird von einem anderen Securitate-Offizier, ohne Angabe des Rangs, Name unleserlich, nochmals um Genehmigung gebeten, ein Major, Name unleserlich, erklärt sich einverstanden, dann erfolgt die Genehmigung durch einen vierten Securitate-Offizier, ohne Angabe des Rangs, Unterschrift unleserlich.

Im Bericht wird das Datum, 3.05.1982, der Eröffnung des Informativen Vorgangs festgehalten, es folgen meine persönlichen Daten. *Aus unseren Informationen geht hervor, daß er in seinen literarischen Werken die Realität verfälscht darstellte, ebenso die wahre Lage der Deutschen des Landes und ihre Rechte, die Zukunft des Deutschen Theaters aus Temeswar.*

Im Laufe der Beobachtungen, heißt es weiter, *wurde folgendes festgestellt: er war Mitglied des Literaturkreises „Adam Müller-Guttenbrunn", an dessen Sitzungen er ab 1984 nicht mehr teilnahm, den er danach zu kompromittieren und dessen Arbeit er zu boykottieren versuchte, desgleichen verfaßte er Arbeiten tendenziösen Charakters über unsere Gesellschaftsordnung, stand in Verbindung mit vielen Elementen, bekannt durch ihre feindliche Haltung, wie Wagner Richard, Müller Herta, Totok William und anderen, die im Frühjahr 1987 in die Bundesrepublik Deutschland auswanderten. Am 19.03.1987 erhielt Genannter die Ausreisegenehmigung, im Juni 1987 verließ er das Land und aus den Informationen, die uns zur Verfügung stehen, geht hervor, daß er in der Bundesrepublik Deutschland von Arbeitslosengeld lebt, und daß er im Unterschied zu den vorhin Genannten, keinerlei Kontakte zu Personen im Land hat.*

Abschließend heißt es: *Die Einstellung des Informativen Vorgangs zu Genanntem Lippet Johann wird vorgeschlagen, die Beibehaltung in C.G.D. und die Ablegung des Materials bei B.I.D.* [166]

---

[166] B. I. D. (Biroul de Informare şi Documentare), Büro für Information und Do-

Auf einem Stempel ist zu lesen: *Das Dossier wurde auf Mikrofilm aufgezeichnet heute,* 12.10.1988, Handschrift, *durch die Militäreinheit,* 850, Handschrift, Unterschrift, ein Kürzel.

Das war's, könnte man meinen, doch die Securitate behielt uns weiterhin im Visier, in erster Linie meine Schriftstellerkollegen, die in Westberlin lebten, Wagner, Müller, Frauendorfer, Totok. Über die Medien machten sie auf die katastrophale Lage in Rumänien aufmerksam, Lebensmittelnot, kein Strom, keine Heizung, kein Wasser, und bekamen zu spüren, wie weit der Arm der Securitate reichte: anonyme Anrufe, Drohbriefe.
In einem Personalbogen der Securitate, datiert 18.04.1989, zu Richard Wagner heißt es: *Sie* (er und Herta Müller) *begannen feindselige Tätigkeiten Rumänien gegenüber zu entfalten, diese fanden ihren Niederschlag in feindseligen Schriften, in Interviews in Presse und Fernsehen.* Es wird vorgeschlagen beide in einem gemeinsamen Informativen Vorgang zu erfassen. In diesem Dokument findet auch mein Name Erwähnung, ich werde als feindseliges Element eingestuft, das noch immer mit ihnen in Verbindung steht.
In Heidelberg, wohin es mich verschlagen hatte, schilderte ich denen, die es wissen wollten, die Lage in Rumänien. Auf Initiative rumänischer Emigranten aus der Region kam es zu Veranstaltungen über die politische, soziale und wirtschaftliche Situation in Rumänien, an denen auch ich teilnahm, ansonsten fanden keine außergewöhnlichen Aktionen statt.
Seit dem 16. Dezember 1989 hatte ich mit Hoffen und Bangen über Radio „Free Europe" die Ereignisse in Rumänien verfolgt, den Aufstand in Temeswar. Am 22. Dezember kam es in Heidelberg zu einer Protestkundgebung gegen die Diktatur in Rumänien, auf der auch ich sprechen sollte. Während ich zu Hause an meiner Rede feilte,

---

kumentation. Diese Büros gab es auf Ebene der Kreisinspektorate der Securitate, wo auf Karteikarten die wichtigsten Informationen zu einer Person, die im Visier der Securitate gestanden hatte, dokumentiert waren. Hier waren auch Personen verzeichnet, die Beziehungen zu Ausländern hatten bzw. Verwandte im Ausland, Personen, die eine Genehmigung erhalten hatten, ins Ausland zu heiraten.
C. G. D (Cartoteca Generală Documentare), Allgemeine Kartothek für Dokumentation. Hier waren die Erkenntnisse der Büros für Information und Dokumentation zentral erfaßt.

erfuhr ich übers Radio vom Umsturz in Rumänien und war glücklich. Als sich der Protestmarsch durch die Fußgängerzone in Bewegung setzte, wußte es bereits der Großteil der Teilnehmer, und ich freute mich, daß sie mein Glück teilten. Auf dem Meeting hielt ich meine Brandrede nicht, sagte bloß ein paar Worte. Es war vorbei.
Die Sympathiebekundungen für Rumänien waren enorm, europaweit, und es rollten Hilfslieferungen, von überallher. Dann geriet das Land in negative Schlagzeilen: Waisenhäuser, Straßenkinder, das brutale Vorgehen der neuen Regierung gegen Demonstranten, Korruption, Vetternwirtschaft. Und Securitate wurde auch für Nichteingeweihte zum Begriff.
Erst ein Jahrzehnt nach dem Umsturz in Rumänien konnte eine Behörde, der Gauck-Behörde in der Bundesrepublik in etwa vergleichbar, gegründet werden, deren Befugnisse aber laufend durch Eilverordnungen des Parlaments geändert, beziehungsweise beschnitten wurden. Es vergingen nochmals etliche Jahre, bis die endgültigen Regularien festgelegt waren, laut denen Bürger, oder ehemalige, Einsicht in ihre Akte beantragen konnten.
Als ich von meiner Absicht erzählte, Einsicht in meine Akte zu beantragen, meinte so mancher Bekannte aus Rumänien, ich hätte doch gewußt, daß ich bespitzelt wurde. Was ich mir denn von dieser Einsicht verspreche? Und letztendlich sei ich doch nicht zu Schaden gekommen. Wer so argumentiert, hat nichts begriffen oder spielt, aus welchen Gründen auch immer, die Gefahr herunter, in der sich ein Bespitzelter befand und den psychischen Terror, dem er ausgesetzt war.
Wenn ich über scheinbar belanglose Berichte von Informanten erzählte, meinte man: Na, siehst du, halb so schlimm, zudem wurden viele erpreßt, mitzumachen. Das stimmt. Und zwischen einer Denunziation und einer scheinbar belanglosen Mitteilung besteht ein gewaltiger Unterschied.
Wenn aber ein Informant darüber berichtet, daß ich umziehen will, ist das ein wichtiger Hinweis für die Securitate und sie plant, die neue Wohnung zu verwanzen. Und wenn ein Informant mitteilt, wo ich etwas veröffentlicht habe oder zu veröffentlichen gedenke, macht er dies dann nicht, um zu warnen? Oder wenn er berichtet, mich mit dem oder jenem gesehen zu haben? Und die

Berichte zu meinem Verhalten, meinen Äußerungen, sind die belanglos? Und wie sind die Informanten einzustufen, die aus meinen literarischen Arbeiten übersetzten, ohne dazu einen Kommentar zu liefern? Hatten nicht sie die Gedichte oder Textfragmente ausgewählt, die für die Securitate von Interesse waren?

Anhand meiner Akte und der meiner Schriftstellerkollegen ist nun vieles zur „Aktionsgruppe Banat" und dem Literaturkreis „Adam Müller-Guttenbrunn" dokumentiert, wenn auch noch nicht vollständig. Darüber wird noch ausführlich zu schreiben sein. Und diejenigen, die über Jahre ihre Sicht der Dinge verbreiteten und uns in Deutschland zu diskreditieren versuchten, weil sie sich im Besitz der Deutungshoheit wähnten, werden eines anderen belehrt werden, und es werden Dinge ans Licht kommen, mit denen niemand gerechnet hatte. Der Akte sei Dank!

Anhang

- 3 -

se spînzură
cu venele tăiate
luă cuțitul cel mare
și frînghia
își legă oboseala cu ea
s-au spînzurat
încă trei din familie
erau deja vîrstnici
luară frînghia
își legau vîrsta cu ea
eu cred că acum
s-a schimbat conștiința lor
au trecut decenii de cînd
nimeni nu s-a mai spînzurat
pentru că a fost lovit în față
pentru pluguri, semănători sau mașini de treierat
din dragoste
din oboseală
din bătrînețe
ei își vopsesc pomii în alb
în zile de sărbătoare
și scot steaguri în stradă
ei visează acum mașini
mulți bani
și e foarte bine cîn ei visează
unii vor să părăsească țara.

Mai ales sfîrșitul poeziei citate este extrem de tendențios.
Apropierea imaginii a zilei de sărbătoare de imaginea unei realități corupte nu fac altceva decît să pregătească concluzia ultimelor două versuri .Menționez că poezia nu a fost publicată încă nicăieri.

WALTER

N.O. LIPPET JOHANN student timișorean, ne-a mai fost semnalat cu lucrări interpretative, materialele au fost trimise la I.J.Timiș.
Nota prezintă importanță, va fi trimisă în copie la aceeași unitate, cu mențiunea că la Cluj, despre această poezie cunoaște doar sursa noastră.

lt.Herța Gh.

mrd.100#/

Abschrift der Übersetzung meines Gedichts „gewesener selbstmordgang der familie" durch Informant „Walter" und sein Kommentar, 15.10.1973

MINISTERUL DE INTERNE
UNITATEA MILITARA 0850
TIMISOARA

STRICT SECRET
Ex.nr. 2

Nr.1/KR/0028148 din 8-X-1975

Către,
UNITATEA MILITARA 01191 LIPOVA
– Biroul de Contrainformații –

C.N.S.A.S.
14 MAR 2008
Direcția Arhivă Centrală

    Vă rugăm să luați măsuri de încadrare informativă a numitului LIPPET IOHANN, născut în WELS, AUSTRIA la data de 12 ianuarie 1951, profesor de limba germană la Școala Generală Nr.8 din Timișoara, care la data de 21 septembrie 1975 a fost încorporat pentru a-și satisface stagiul militar la Unitatea Militară Nr.01191 Lipova.-

    Despre cel în cauză cunoaștem că se ocupă de poezie, făcând parte din cercul unor tineri scriitori de limbă germană din Timișoara, denumit "AKTIONS-GRUPPE BANAT". Literatura scrisă de membrii cercului are un caracter echivoc, fiind interpretabilă în sens negativ din punct de vedere politic.-

    Menționăm că cel în cauză este membru P.C.R., dar există aprobarea organelor competente pentru verificarea activității sale.-

    Întrucât acțiunea se află în stadiul de finalizare vă rugăm să ne trimiteți materialele ce le veți obține cât mai repede posibil.-

ȘEFUL UNITĂȚII MILITARE,

Schreiben der Securitate an die Militäreinheit in Lipova zwecks informativer Überwachung, 8.10.1975

INSPECTORATUL JUDEȚEAN TIMIS
AL MINISTERULUI DE INTERNE
- SECURITATE/SERV.I/A -

STRICT SECRET
Ex.nr. 2

Nr.I/A/B.I/0031084 / 17.03.1984

Către,

MINISTERUL DE INTERNE
- DIRECȚIA I-a
BUCUREȘTI
==========
- SERVICIUL II -

Raportăm următoarele:

Din datele obținute în cadrul dosarului de urmărire informativă "LUCA", în care este lucrat numitul LIPPET JOHANN pentru scrieri cu caracter ostil, rezultă că acesta a depus o lucrare, în proză, intitulată "ANTON BAUMGARTNER" cuprinzînd o așa zisă descriere a vieții unui țăran de naționalitate germană din BANAT în perioada anilor 1958-1978.-

Lucrarea are un conținut tendențios, autorul căutînd să scoată în relief, că viața țăranului în general a fost grea și că în rîndul țărănimii au predominat lipsurile și nemulțumirile.-

LIPPET JOHANN a afirmat că lucrarea a trimis-o la revista "NEUE LITERATUR" din BUCUREȘTI, respectiv la STOFFEL care va hotărî asupra publicării sale.-

Rugăm ca prin posibilitățile de care dispuneți să se facă verificări asupra conținutului lucrării la revista "NEUE LITERATUR" pentru prevenirea publicării în caz că este necorespunzătoare.-

ȘEFUL SECURITĂȚII
Colonel,
MORTOIU AURELIAN

ȘEFUL SERVICIULUI I/A
Lt.Col.,
IANCULESCU ANTONIE

R.B.I.
D.M.G.
RD.272/13.03.1984
Scrisă în 2 ex.

Schreiben der Securitate aus Temeswar nach Bukarest zwecks Überprüfung meiner Erzählung „Anton Baumgartner, der Mittelpunkt der Welt" bei der Zeitschrift „Neue Literatur", 17.3.1984

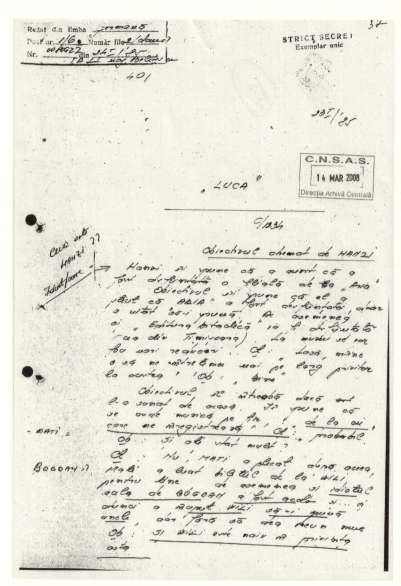

Übersetztes Abhörprotokoll eines Telefongesprächs vom 24.01.1985. Die Randbemerkungen beziehen sich auf Personen, die im Gespräch erwähnt wurden und die identifiziert werden sollen. Mein Gesprächspartner sagt, daß etwas in der Leitung zu hören sei. „Das sind sie, man hört mit", sage ich. Dieser Satz ist unterstrichen.

Anordnungen eines Oberstleutnants zum Inhalt eines Maßnahmenplans zwecks meiner Diskreditierung in der Bundesrepublik Deutschland, 23.06.1986. Der Maßnahmenplan ist in meiner Akte nicht enthalten.

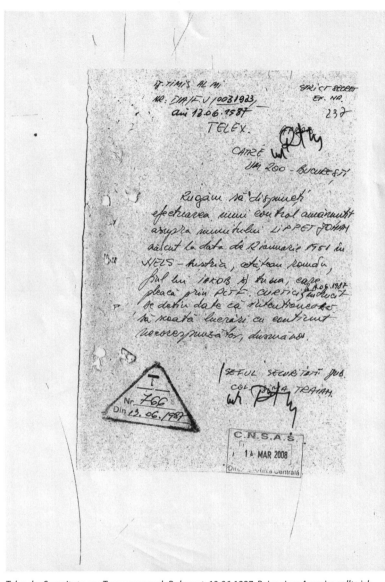

Telex der Securitate aus Temeswar nach Bukarest, 13.06.1987. Bei meiner Ausreise sollte ich gründlich gefilzt werden.

Inhalt

Vorsatz	5
1. Zielobjekt	9
2. Deutsche faschistische Elemente	41
3. Apokalyptische Vision	61
4. Einschliesslich Strafverfahren	93
5. Wesen des Inhalts	107
6. Neue Aspekte	127
7. Diskreditierungsmassnahmen	139
Nachsatz	148
Anhang	151

Lieferbare Titel von Johann Lippet:

**Protokoll eines Abschieds und einer Einreise oder
Die Angst vor dem Verschwinden der Einzelheiten**
Erzählung
1990, 160 S., gebunden
EUR 15,20   CHF 27,90
ISBN 978-3-88423-061-9

Die Falten im Gesicht
Zwei Erzählungen
1991, 231 S., gebunden
EUR 18,50   CHF 33,50
ISBN 978-3-88423-073-2

Abschied, Laut und Wahrnehmung
Gedichte
1994, 85 S., Büttenbroschur,
EUR 18,50   CHF 33,50
ISBN 978-3-88423-090-9

Der Totengräber
Erzählung
1997, 124 S., gebunden mit Schutzumschlag,
EUR 16,50   CHF 30,00
ISBN 978-3-88423-114-2

Die Tür zur hinteren Küche
Roman
2000, 320 S., gebunden mit Schutzumschlag,
EUR 20,50   CHF 37,00
ISBN 978-3-88423-169-2

Banater Alphabet
Gedichte
2001, 48 S., gebunden, bibliophile Ausgabe
EUR 13,50   CHF 27,50
ISBN 978-3-88423-183-8

Kapana, im Labyrinth
2004, 64 S., gebunden, bibliophile Ausgabe
EUR 13,50   CHF 27,50
ISBN 978-3-88423-229-3

Das Feld räumen
Roman
2005, 347 S., gebunden mit Schutzumschlag
EUR 23,80   SFr 41,70
ISBN 978-3-88423-234-7

CHF-Preise sind unverbindliche Preisempfehlungen.

Bitte fordern Sie unser Verlagsverzeichnis an:
Verlag Das Wunderhorn · Rohrbacher Straße 18 · 69115 Heidelberg
www.wunderhorn.de